Kim Ji-Ha

시인 김지하

사진 김경옥

산알 모란꽃

김지하 시집

산알 모란꽃

시학
Poetics

차 례

- 제8회 영랑시문학상 수상소감   11
- 스톡홀름에서의 41개의 산알   29
- 대담/ '못난 시'와 '산알 모란꽃'의
  사상을 위하여   162

서시序詩   43
번융煩戎   46
청미靑眉   50
부천副天   52
목초木艸   54
대림代林   55
용문龍門   57
해석海石   59
추해醜海   63
미령美鈴   66
입정立頂   68
다미多尾   70
유골流骨   74
개장皆壯   76
주도周道   78
가지可知   83
애세哀世   85

묘목리描木裏	89
다미리多美里	92
웅천면熊川㮈	98
도선착到船着	101
개선수皆船首	103
재임선再臨船	105
조실선早失船	108
만학선晚學船	110
불두不頭	112
애월涯月	113
중중무重重霧	116
외무外霧	118
내소산內蘇山	121
외소산外蘇山	123
중소산中蘇山	126
초조初潮	130
중조中潮	134

변막 變膜 137
동모리 洞毛里 140
동막봉 洞莫峯 142
동초호 洞草湖 143
개심중 皆心中 145
묘묘 妙描 147
애머리 [兒頭] 149
멍 152
희비리 喜悲籬 154

모란꽃이 내게 의미하는 것
제8회 영랑시문학상 수상소감

모란꽃이 내게 의미하는 것

— 하하하
또 웃었다
꽃과 별이로구나!

얼마 전 일이다.

이미 칠십이 넘은, 공부도 많이 한 한 여성이 어느 자리에선가 내게 갑자기 물어 왔다.

"고향이 어디시드라."

"전라남도 목포올시다."

"개천에서 용 났군!"

허허허.

아직도 이렇다.

집으로 돌아오는 버스 안에서 또 웃었다.

'그 양반 아직 철이 덜 들었군.'

후천개벽 이야기다. 동학의 후천개벽을 『정역正易』에서는 특히 '기위친정己位親政'이라고 부르기 때문이다. '기위친정'이란 '밑바닥이 임금 자리에 되돌아옴'을 뜻한다. 그래서 재작년 시청 앞 첫 촛불(4월 29일에서 6월 9일까지의 여성, 어린이, 쓸쓸한 대중 중심의 평화 시위)을 나는 특히 주목하여 '후천화엄개벽'이라 불러 온 것이다. 2004년 인도네시아에서 26만 명이 한꺼번에 죽은 대해일의 근본 원인이 바로 삼천 년 동안 서남북쪽 '기위己位 방향으로' 기울었던 지구 자전축이 본래의 우주 중심 위치인 지구 북극 태음의 물 쪽으로 되돌아오는 대이동이었기 때문이다. 이때는 '십일일언十一一言'이라고 하여 지금껏 수천 년 동안 동서양 어느 곳에서도 밑바닥·꼴찌 취급만 받아 오던 여성, 어린이, 비실비실 노인 등 쓸쓸한 대중들이 문득 정치 전면에 올연히 나선다는 『정역』의 예언이 있기 때문이다.

'아니, 그 양반이 제대로 알고 나서 한 말은 아닐까?'

나는 뒤이어 버스 안에서 이렇게 생각을 고쳐먹으며 마음깃을 여미기까지 했다.

과연 그럴까?

그런데 지금 또 그 사태다.

우아하고 아름답기로 한국 근현대문학에서 제일인 그 영랑시문학상이 그야말로 추접하기로 이름난 김지하 문학, 그것도 '촛불' 언저리의 밑바닥 시집에 불과한 『못난 시들』에게 주어지다니!

허허허.

본격적인 후천개벽이 시작되는 해인 기축년己丑年 마지막 날 수상 소식을 듣고 나는 또 웃었다. 그리고는 '시와시학사'에 이런 농담까지 했다.

"전라도 놈이라고 봐주는 거 아니요? 허허허허허―."

자꾸 웃는 건 그저 기분이 좋거나 내가 허무주의자여서가 아니다. 까닭이 있어서다.

무엇일까?

김영랑 문학의 사인마크인 모란꽃이 그야말로 임금만큼이나 의젓하고 참으로 원만한 가장 좋은 약, 으뜸가는 치유제의 일종인 까닭이다.

그래, 까닭이 분명 있다.

여기서 김지하의 사인마크라는 막말 한번 또 해 보자.

내가 세상에도 별 볼일 없다고 생각하는 것이 찰스 다원에 빌붙은 '유전자통섭론'이고 '지구 중추 신경계설' 따위의 서푼 짜리 에코파시즘이다. 그런데 최근에는 '아시아 게놈 프로젝트'라는 이름의 '아시아인 유전자지도'까지 만들어 서양인과는 다른 '맞춤의약'을 마련하여, 신종플루 같은 생태 위기 때엔 한국인과 아시안 9개국의 유전자 따위에 몽땅 일괄 처방하겠다는 똑 '촌놈·뚝건달' 같은 어떤 연구소의 계획을, 마치 구세주 재림 소식마냥 신문 일면에 대문짝만하게 광고하고 자빠진 한 일류 매스컴의 그 유명짜한 유치증 이야기다.

유전자지도가 만병통치약이라도 되는가?

왜들 이러는가?

그래서 내가 '촌놈·뚝건달'이라고 막말을 하는 것이다.

왜?

하기야 '촌놈'은 전라남도 목포 개천의 밑바닥 출신이 촌놈이지 누구겠는가? 그러나 내가 '촌놈'이라 할 적엔 '머릿속의 촌놈 지도'를 말하는 것이다.

'게놈'이 바로 '촌놈' 아닌가!

모자란 머리를 두고 하는 말이지 출신지가 아닌 것이다. 상식 아닌가!

프랑스 소르본느 대학의 '게놈 하이라이트'라는 특수생명학연구소의 여성 연구원 '조제피니에 로르루앙 씨양' 박사의 따끔한 한마디를 듣자.

"유전자통섭론이나 유전자지도 따위로 인간을 집단적으로 이해하고 집단적 증상에서 일괄 구원하겠다는 촌스러운 의술은 이제 머지않은 날 또 하나의 생명계의 빅브라더 '에코 히틀러'의 '홀로코스트' 사태를 저지른다. 틀림없다. 유전자는 초보적 뇌기능에 불과하다. 제발 흥분하지 마라. 흥분은 참다운 과학과는 거리가 멀다. 이제 한 개체 개체의 독특한 생명요인을 신성하게 연구하는 일본 경락학계로부터 배울 차례다."

일본 분자생물학 연관의 경락학자 '제헬라이노 다노[世慧羅の端]' 박사의 한마디다.

"인간이 꽃보다도 못한가? 꽃은 한 송이 한 송이가 다 개체적 생명요인을 갖고 있다. 유전자 프로젝트는 오니[女神]를 다다에[男神]로 뒤집은 일본 사무라이[武士]들과 똑같은 무식한 반과학反科學 반문화反文化다."

'촌놈' 설명이 아직도 안 되었나?

'뚝건달'은 또 무엇인가?

건달은 건달인데 태권도 두 달 정도 하고 나서는 바로 사람 패려고 덤비는 녀석을 말한다. 뚝건달 치료제는 '뚝' 뿐이다. 뚝 소리 나게 팔을 부러뜨리는 수밖에 없단다.

전신 두뇌와 유전자 심층심리 공부를 더 깊이 하든지 그따위 무식한 유전자 게놈 만병통치 타령을 당장 그만두라는 소리다. 최소한 신문 일면에 광고 수준의 기사 따위는 절대로 게재 안 해야 한다는 이야기다. 초등학생 상대인가? 내 말이 틀렸는가?

그러면 어찌해야 하는가?

이미 신종플루가 한 번 지나갔지만 매우 위험한 그 변종들 이야기, 새로운 수질오염 이야기가 마구 번지는 때다. 타미플루 따위 유전자통섭론, 중추신경계설, 찰스 다윈 사회생물학 따위와 똑같은 계열의 항생제 의학에 대한 커다란 불신不信이 전 세계적으로 일반화되고 있다. 중국 의학 역시 돈을 못 번다. 기이하게도 불법의료로 재판이나 받고 있는 토착 조선 의술에게로 병든 사람들이 미어터지는 기이한 과도기가 바로 지금이다.

20년 전에 숙청돼 사라진 북한 경락학자 김봉한金鳳漢의 '산알' 이론이 한국과 일본 사회 저변에 쉬쉬하면서도 끈질기게 떠돌아다니는 이상한 문명 이동의 때가 바로 지금이다.

그래서 지금 내가 자꾸 웃는 것이다.

김영랑의 모란꽃이 그것과 관련 있다는 뜻인가?

그렇다.

모란꽃이 곧 '산알'의 상징인 것이다.

왜?

인구에 회자돼 온 영랑의 모란꽃, 시「모란이 피기까지는」열두 구절이 곧 시들어 버린 민족문화의 생환生還, 옛「천부경天符經」과「삼일신고三一神誥」와 오운육기五運六氣의 원형인 신기론神氣論의 그 오랜 선인仙人 사상, 그리하여 생명·평화의 첫 샘물인 묘연妙衍과 수왕水王 사상의 찬란한 생환을 기다림이었던 것이다.

다시 말한다.

'산알'의 복숭復勝, '다시 살아옴'을 내내 기다림이었던 것이다. '산알'은 마치 부처님의 '사리'와 같은 '원만한 생명의 영靈'을 말한다.

'모란꽃'이 바로 그것이다.

첫 구절

"모란이 피기까지는

나는 아직 나의 봄을 기다리고 있을 테요."

마지막 구절

"모란이 피기까지는

나는 아직 기다리고 있을 테요, 찬란한 슬픔의 봄을."

그 '산알'의 봄이 왜 슬픔일까?

하하하.

또 웃었다. 그러나 이번엔 '허'가 아닌 '하'다.

왜?

'허'는 '음陰'이고 '하'는 '양陽'이다.

'흰 그늘' 이야기다.

봄이 슬픔인 것은 모란꽃이 흰 그늘이어서다.

슬프고 아픈 이에게 봄인 것이 곧 산알 아닌가!

조선의 신령한 생명사상, 생명과학, 생명의 문화와 예술은 모란꽃 같은 산알, 즉 '흰 그늘'이다. 그래서 후천개벽의 성배聖杯가 되고 '밑바닥이 임금 자리로 되돌아옴'인 것이다.

아!

이제 알겠다.

개천에서 용이 나고

'못난 시들'에 모란꽃의 그 예쁘고 잘남을 선물한 전라도와 강진과 시와 시학의 거룩한 뜻을!

그러나 나 잘났다는 그 말 하려는 게 아니다.

그래서 애당초 전라도 이야기를 앞에 꺼낸 것이다.

무언가?

나는 요즘 쓰고 있는 책 『오역화엄경五易華嚴經』의 '십회향품十廻向品' 재해석을 위해 그중 '처소회향處所回向'의 핵심 사례로 고향 목포와 그 주변을 탐색하러 어느 날 혼자서 몰래 목포에 간 적이 있다. 『화엄경』 위에 '역易'이 붙으니 단순한 땅[地]이 아닌 내 마음의 처소로서 바로 주역의 '곤坤괘'는 산알, 즉 생명령(生命靈·受生自在燈)이 나오는 부처님 배꼽이니 십오복승十五復勝의 기이한 풍수, '초미적焦眉跡'일 게고 복희伏羲, 정역正易 등 위에 다시 『벽암록碧巖錄』 제56즉 공안 '흠산일촉欽山一簇' 중의 '한 화살이 세 문을 뚫는다[一簇破三門]'가 또한 적용되었다.

결론은 바로 그 '산알'이 나오는 우주 배꼽인 '첫이마[初眉]'는 유불선儒彿仙의 똑같은 비율의 융합인 '하당下溏'이었다. '하당'은 목포 큰 바닷가의 유달산儒達山과 무안의 승달산僧達山, 해남의 선달산仙達山과 거리가 똑같은 중간 지점의 회음혈會陰穴 자리였다(유불선을 상·중·하단전에 배정하는 단전학도 있다). 바로 '산알' 자리다.

아하!

또 내 자랑이 돼 버리나?

나 태어난 연동 뻘바탕이 바로 하당 아닌가!

그러나 희한하게도 세존世尊 태어난 곳은 『화엄경』 입법계품 안에서 세존 출생 100년 전에 바로 '수생受生굿'을 벌인 묘덕원만신妙德圓滿神의 바로 그 룸비니 동산 굿자리에서 조금 떨어져 있는 '가비라 성城'이다.

다시 말한다.

분명히 거리가 조금 떨어져 있다!

허허허.

안심하셨는가?

그런데 또 놀라운 것은 바로 그 시커먼 웅덩이 하당 터가 이제는 도리어 쌔하얀 문화의 거리요 번쩍번쩍하는 도청자리라는 점이다. 김우진, 박화성, 차범석과 김현과 남농 허련의 문화관이 즐비하게 늘어선 전라남도의 그야말로 북극 태음 자리요 친정親政 자리라는 점이다.

세계문명사의 대세는 미국, 영국, 독일 등 전문 연구소나 그 정부당국에 의해서까지도 이미 동아시아로 중심 이동하고 있음이 뚜렷이 밝혀지고 있고 5~6년 전에 벌써 이쪽 방면 세계 경제통들은 '동로테르담 허브 — the integrated network'라고까지 규정 내리고 있었다. 한반도의 동남해안, 서남해안, 그리고 중국 동해안과 현해탄이 바로 새로운 허브요 그 설명구는 '중심성이 배합된 탈중심'이니 바로 "서쪽에서 동쪽으로의 세계 권력과 자본 중심 이동과 동시에 세계 모든 지역이 자기 위상을 유지할 정도의 다극체제가 형성 중"이라는 미국 국가정보위원회의 1년 전 공식 발표 그대로인 것이다.

요컨대 '월인천강月印千江'과 '일미진중 함시방一微塵中含十方'이라는 '대화엄개벽' 그 자체다. '달 하나가 천 개의 강물에 다 따로따로 비침'이고 '작은 먼지 한 톨에도 우주가 살아 있음'이다.

이제 서해는 '동아지중해'가 아닌 '신지중해新地中海'가

되고 있다. 이 '물의 시대'에 목포 주변과 하당은 과연 어찌 변할 것인가? 바야흐로 그 허브 중의 허브인 하당에서 솟아날 '산알'은 도대체 무엇일까?

유불선과 결합된 김우진, 박화성, 차범석, 김현, 남농의 '화당리 숫례' 같은 것 아닐까!

밑바닥 '하당下溏'이 꽃연못 '화당花溏'으로, 그리고 그 화당의 꽃피는 부엌데기 여편네 숫례의 고통과 꽃송이가 결합된 밑바닥 여성 특유의 중생부처님이나 돌아온 임금 같은 '흰 그늘'의 입고출신入古出新, '모심의 문화'가 아닐까.

다시 말한다.

산알은 바로 모란꽃이다.

슬픔의 봄!

한반도의 똥구멍이요 꽁무니요 사타구니인 하당의 그 시커먼 회음에서 북극 태음의 물을 개벽적으로 흔들어 기위친정의 화백和白과 호혜시장互惠市場의 신시神市와 함께, 전 인류와 중생해방의 흰 그늘의 아시안 네오르네상스 및 모심의 세계 문화 대혁명을 꽃피울 '화당리 숫례'에 이은, 여성 특유의 그 풍류風流가 싱싱하고 원만한 산알의 형태로 솟아오르는 것 아닌가!

도청과 문화의 거리가 그래서 거기 있는 것 아닌가!

유달산·승달산·선달산의 삼계문화대권의 영역 안에 이미 박용철도 김영랑도 남농도 천승세도 다 살아 있는 것이다.

모란꽃은 바로 그 상징체인 것이다.

나는 이 의견을 이미 작년 가을 강진 출신의 목포대 김선태 시인에게 전화로 말한 적이 있다.

바로 그 뒤 나는 스톡홀름에 갔다.

노벨상 어쩌고저쩌고하는 잡음은 모략중상 수준이다. 준다면야 마다할 까닭이 있겠는가?

개천에서 용 나고 전라도 밑바닥이 임금 자리 근처로 돌아가는 판인데 위선의 향연을 즐길 좀스런 까닭 같은 것은 내겐 없다. 그러나 그래서 거기 갔을까?

아니다.

그럼 왜 갔나?

그렇다.

바로 마지막 이 이야기를 하자고 이렇게 긴 소감 글을 쓰고 있는 것이다.

왜 간 것일까?

기이하고 희한하다.

모란꽃 이야기를 길게 했는데 바로 그 이야기다.

'산알' 말이다.

이미 말했듯이 전 인류가 기후·생태·생명 위기와 괴질怪疾의 공포 앞에 떨고 있는데 동서양의 대문명국이라는 유럽과 중국의 의술은 별 볼일이 없는 때다. 한국의 무면허 의사로 불법의료행위 재판까지 받고 있는 노인 의사 장병두張炳斗

옹에게 치료해 달라고 지식인, CEO들이 마구 목을 매달고 침·뜸의 명인인 구당灸堂이 분명 불법 판결을 이미 받았는데도 미국의 의과대학과 전문의사들에게 최고의 멘토 노릇을 하고 있는 해괴한 과도기다.

무엇이 문제인가?

'산알'이다.

김봉한 학설은 그럼 다시 살아날 것인가?

모란꽃 같은 산알 이야기를 이 기회에 해야겠다는 것이 나의 생각이다.

그래서 그 사연과 함께 '산알 모란꽃'이라는 제목의 42편의 시를 4월 중 강진 영랑문학제에서 시상식이 있을 때 '시와 시학사'를 통해 상자하려 하는 것이다.

요체는 이것이다.

작년 10월 8일 스톡홀름 대학 한국학연구소에서 '촛불·횃불·숯불'이라는 강연을 했다. 그 뒤 며칠간을 기이한 예감이 강하게 나를 사로잡아 주최 측과 한국대사관 측의 관광 초청에도 일체 응하지 않고 숙소인 스톡홀름 부두의 '에스플라나다 호텔' 31호실에서 밤낮 책상 앞에 앉아 있었다.

왜?

10월 9일 밤부터 참으로 이상한 생각이 내게 온 것이다. 김봉한의 책과 그에 대한 일본 경락학 전문서적을 많이 봐서 그런 것인지 산알 생각이 마구 쏟아진 것이다.

하하하.

'산알'이다.

그런데 지금 영랑시문학상 소식을 접했다.

어젯밤 나는 누워서 이런 생각을 했다.

왜 모란꽃인가?

새 시대의 산알 42종은 곧 모란꽃 42종이던가?

새벽에 물을 마시다가 문득 어째서 그 산알 이름들이 동의학은 물론, 유불선의 심오한 철학 개념들이나 한국과 동아시아의 우주생명학, 그리고 풍수학이나 예술, 문학과 미학에 직간접으로 연속성을 가진 목숨의 진리 개념들이었는가를 의문하기 시작했다. 그래서 '산알 모란꽃'이란 제목의 짧막한 시로서 42편을 잡아 보기로 했다.

스톡홀름에서 기술한 31매의 산알 이야기와 함께 이 시집을 내어 42종의 산알 생각 안에 들어 있는 생명과 생명의 이미지들을 모란꽃의 시상으로 암시한다면? 엉뚱한 시상이면 어떤가? 엉뚱한 꽃 한 송이 교술시敎述詩 구경하는 것 아닌가!

아직도 개천에서 용 난다고 말해지는 더러운 밑바닥 갯땅쇠의 땅 전라도, 목포, 무안, 해남, 강진의 그 사타구니, 그 똥구멍, 그 꽁무니, 그 밑바닥, 바로 그 지금까지도 짓밟히고 멸시당하고 있는, 그럼에도 이제는 '기위친정'으로, '화엄개벽모심'의 새 문명의 허브 자리로 돌아오고 있는 검고도 하얀 내 고향 앞에 하나의 메타포로서 바친다면? 한 송이 슬픈 봄날의 붉은 모란꽃으로 들어올려 공손히 바친다면?

합당한가?

참으로 그랬으면 좋겠다.

그렇다.

나는 결코 그 어떤 경망스런 자가 고향을 핑계로 해서 일종의 데마고기 형태로 나를 폄하하듯 나의 고향 땅, 목포와 무안과 해남과 강진의 그 '하당'이 '화당'임을, 나 태어난 땅 연동 뻘바탕 뒷산의 이름인 '비녀산'을 결코 한순간이라도 잊을 사람이 아니다.

그리고 바로 흥미도 관심도 없는 서양의 전위극 '고도를 기다리며' 따위를 가지고 내 뜨거운 피와 고통으로 얼룩진 땅, 슬프고 슬픈 나의 땅, 열세 살에 쫓겨난 뒤 언제나 그리던 땅 목포의 그 붉은 핏빛 황토 위에서 공연이랍시고 꺼들대며 소갈머리 없이 히히거릴 그런 사람이 전혀 아닌 것이다.

이것만은 결코 잊지 말아 주기를 바란다.

그래도 고향 사람이니 '막말'만은 결코 하지 않겠다. 더구나 이 좋은 모란꽃의 나날에.

하하하하하.

나를 모략중상하는 자가 좌든 우든 중간이든 하도 많으니 마지막으로 미리 한마디 해 둔다.

또 어떤 경망스런 자가 나서서 이렇게 말할 수도 있다.

"그 유전자 게놈 지도나 42종 산알의 특징이나 그게 그거 아닌가! 생명종의 특성들을 똑같이 나열한 것이 아니겠는가!"

마지막 웃음이다. 허허허.

우리나라 자칭 지식인들이 꼼짝 못하는 외국 지식인, 특히 그 방면 권위인 일본 지식인 과학자의 말 한번 인용하자.

일본의 유전자통 분자생물학 연관의 최고 경락학자 '가쓰에 미로시[加明敬夫]'의 가라사대다.

"유전자지도는 그 원리가 단편적이거나 부분부분이고 산알의 특성은 총체적이며 전면적·우주적 개체 압축이다. 전혀 다르다."

똑똑히 알아 두길 바란다.

전혀 다르다!

왜 다른지는 알겠는가?

이제껏 설명했다. 또 해야 하는가?

글이 다 끝난 뒤 우주와 생명에 밝은 한 남도 출신 예술가로부터 희한한 두 마디를 듣는다.

김영랑 시인 고향인 강진康津은 '화수혈花水穴'이란 명칭의 꽃피는 물자리라고 다산이 말한 바 있고, 스톡홀름 상공은 예부터 북두칠성이 강렬한 자장磁場으로 소문난 곳이라 그런 생명의 별 같은 산알이 갑자기 생각난 것 아닌가라는.

하하하.

또 웃었다.

꽃과 별이로구나!

스톡홀름에서의
41개의 산알

스톡홀름에서의 41개의 산알

 기축己丑년 2009년 10월 8일, 스웨덴의 스톡홀름 대학 한국학연구소에서 제1회 세계한국학대회 기조 강연을 '촛불, 횃불, 숯불'이란 제목으로 약 40분간 하였다.

 나는 이 강연이 끝난 뒤 숙소인 '에스플라나다 호텔' 한 작은 방에 누워 내가 이 북극 근처에 왜 왔는지를 생각했다. 내내 그것이 그렇게 뚜렷하지는 않았다. 일부는 내가 노벨상 수상을 목적으로 스톡홀름행을 결행했다고 말하고 있고 또 대개 그렇게들 믿고 있는 눈치이긴 하나 내 마음의 흐름에 전혀 일치하지 않는 억측이거나 천박한 희망사항에 불과한 것이다. 결정이 된다면 수상을 거절할 이유까지야 없겠지만 수상을 위해 그 먼 거리를 행보할 만큼 속물적인 삶을 살아온 나도 아니다. 그럼 무엇인가? 무엇 때문에 내가 이곳에 와 있는 것인가?

 물론 사적으로야 한국학연구소 주최 측 일부 인사들과의 오랜 인연 때문이기도 하겠지만 그것 말고 나에게 어떤 뚜렷한 공적인 명분이 과연 분명히 있었던 것일까?

 물론 있었다.

그것은 이미 "촛불, 횃불, 숯불"이라는 나의 발제문에 명백히 드러나 있다. 그러나 그 밑을 흐르는 나의 심층적 동기는 과연 무엇이었을까?

원주에서부터 스톡홀름 공항까지 꼬박 열아홉 시간을 자다 깨다 하며 내내 생각한것이 바로 이것이었다. 속일 수 없는 나의 심층적 동기!

— '나는 지금 왜 이 길을 가는가?'

원주 터미널에서 영종도 인천 공항까지는

— 촛불과 '기위친정己位親政'이라는 대문명사 변동 사건을 바깥에 알린다는 민족적 사명감이었다. 그리고 타이베이를 거쳐 방콕 공항에 이를 때까지는 내내 온 세계 표면에 수많은 종류의 서로 다른 용들이 갖은 변화 속에서 다양하게 꽃을 피우는 그야말로 '용화회상龍華會相', 즉 '화엄華嚴' 현상을 감지하였다. 그리고 방콕에서 스톡홀름에 도착할 때까지 열 시간을 내내 연이어진 좁은 의자 세 개 위에 누워 뒹굴면서 비몽사몽간에 남쪽 출신인 내가 바야흐로 북극 근처로 간다는 '기위친정', 즉 '후천개벽後天開闢'의 의미를 뚜렷이 실감하였다. 그래서 이른 아침 스톡홀름 공항에 내릴 때는 나의 심층 동기가 다름 아닌 '화엄개벽의 길' 그것임이 비교적 명백해졌다. 그러면 남은 것은 '모심' 뿐이었다. '화엄개벽모심의 길'은 이제 나의 모든 것에 대한 그야말로 모든 것 그 자체이기 때문이다.

원주 집을 떠날 때 아내의 신신당부가 생각난다.

'철저한 모심'이다.

부디 '못난 겸손'으로 일관하라는 부탁이었다.

과연 그리했는가?

물론 그리 못했다.

그러나 끊임없이 끊임없이 그 말을 명심하기는 했다.

왼쪽 손바닥 가운데 검은 볼펜으로 '겸謙' 한 자를 뚜렷이 써 놓고 틈날 때마다 들여다보곤 했을 정도니까.

그러나 결국은 내내 잘난 체했고 내내 입을 열어 떠벌렸으며 내내 누군가를 욕하고 비판했다.

또한 그러나 그런 중에도 아주 못날 정도로 잘난 체하고 아주 추할 정도로 크게 떠벌리고 아주아주 큰 스캔들이 될 정도로 누구를 욕하고 비방하는 지경에까지 전락하지 않은 것은 결국 손바닥에다 '겸'자마저 쓸 정도로 아내의 부탁을 잊지 않은 까닭이다.

지금 생각하니 그렇다.

본회의 세미나 때도 저 끝없는 장황한 한국문학론, 결국은 '촛불'쪽이 전혀 아닌 '횃불'과 '숯불'쪽을 찬양하는 내용들이 반복되었고, 세미나 방식도 내가 최근 극도로 싫어하게 된 '폼 잡기 위주의 강의형 패널', 예컨대 전문 발표자 한 사람을 빙 둘러싼 질문자나 청중이 끊임없이 짤막짤막한 다양한 질문을 퍼부어 대는 브레인스토밍 스타일의 '콘셉터concepter', 즉 '창조적 발상지원 시스템' 따위의 첨단적이고 생명적인 방식과는 천리만리나 먼 낡아빠진 가르치기 일변도의 수직적 형식으로 일관하고 있었다. 거의 온종일 속에서 부글부글 끓어오르는 막말들을 그래도 단 한마디 입 밖으로 발설하지 않고 견딘 것은 오직 아내의 신신당부와 손바닥에 쓴 '겸' 자 덕분이었음을 지금 돌이켜 생각하니

'아! 가까스로 면했다!'

탄식과 함께 큰 안도감이 나를 휩싼다.

'화엄개벽모심의 길'

성공은 물론 아니지만 큰 낭패만은 가까스로 면한 이 일. 이 일이 내게 과연 어떤 의미를 참으로 갖는 것일까? '참으로' 다.

이젠 이것이 또한 큰 문제인 것이다.

극도로 피곤한 중에도 침대 위에서 내내 잠 못 들어 뒹굴면서 나는 이때 참으로 이상한 생각들을 하게 된다.

이른바 '산알' 이야기다.

'산알' 이 무엇인가?

'산알' 은 '살아 있는 생명의 알맹이' 로서 '생명령生命靈' 이나 '영적인 생명치유력의 실체' 를 이르는 말이다. 『화엄경』에서 "수생장受生藏, 수생자재등受生自在燈" 이라고 표현한 생명의 알맹이로서, 본디는 약 20년 전 숙청되어 사라진 북한 경락학자 김봉한金鳳漢의 전문용어다.

김봉한에 의하면 인체 내의 365종種의 표층경락이 세포나 내분비 등 일체 생명생성 활동을 지휘하고 치유하는 과정에서 그 음양생극陰陽生剋의 이진법적 생명생성 관계가 무디어지거나 서로 충돌하거나 하여 근본 치유력이 소실될 때 그 밑에 있는 360류類의 심층경락, 즉 기혈氣穴에서 문득 예기치 못한 치유력이 불쑥 솟아오르는 법인데, 이 솟아오름을 '복승復勝'이라 부르고 그 복승의 실체를 '산알'이라 부른다는 것이다. 이 '산알'은 세포를 확장 생산하기도 하고 세포가 도리어 산알로 수렴되기도 하는 확충擴充 작용을 한다고 하는데, 일본 경락학계에 따르면 '산알'은 절집에서 고승高僧이 죽을 때 다비茶毘에서 얻는 '사리舍利'와 같은 '핵산 미립자'라고 한다.

문제는 '산알'의 불가사의한 치유력이겠는데, 마침 신문보도들은 유엔보건기구나 공식 발표를 통해 최근 크게 문제되고 있는 '신종플루'가 그 항생제인 타미플루마저 내성 바이러스에 의해 극도로 무력해지고 있는 상황에서 빈곤국 중심으로 바야흐로 이제부터 폭발적 확산 추세에 들어가리라는 우울한 전망을 거듭 내놓고 있다는 사실을 알리고 있었다. 인천공항에서 스톡홀름으로 오는 내내 내가 화엄개벽모심과 더불어 생각해 왔던 것도 바로 이 문제였다. 만약 화엄개벽모심의 전 인류적·전 사회적 지극함에 의해 바로 이런 때에 '산알'이 인체 내에서 참으로 복승하고 확충할 수 있다면 얼마

나 좋겠는가 하는 어쩌면 동화적인 상상이 내내 뇌리를 떠나지 않았다는 말이다.

그런데 바로 어젯밤, '에스플라나다 호텔' 한 작은 방 침대에서 '산알'에 관한 기이한 생각들을 하게 된 것이다.

내 몸 안에 '산알'이 사리와 같은 실체로 쏟아져 나왔다는 것일까?

물론 그런 것은 아니다.

그럼 무엇인가? 온몸과 관련하여 산알에 관한 여러 희한한 생각들이 쏟아졌다는 말이다. 이 엄청난 산알은 무수한 세포에서까지 확산하는 것처럼 느껴졌는데 그 활동의 종류를 '40가지', 더 엄밀히는 '41가지 형식'으로 정리할 수 있다. 41가지 형식 사이의 상호관계들은 아마도 이제부터 연구해야 할 회음을 중심으로 한 우주생명학, 생명학, 또는 화엄역華嚴易과 같은 새로운 학문의 내용들이 되어야 할 것이지만 여하튼 내 머리에 떠오른 41개의 산알 형식의 이름은 다음과 같다.

① 번융煩戎: 6조 개의 세포로부터 인체 주변 15미터 시방十方까지 영향을 미치는 산알 ② 청미靑眉: 이마 왼편의 뇌수 속 2촌寸 3분分의 가지 속같이 얽힌 뇌 온도 조절 청미 기능 산알 ③ 부천副天: 이마 안쪽, 상단전 수해髓海 앞쪽 부분의 쌍고리 모양의 수해열數海熱 냉각 산알 ④ 목초木艸: 머리 정상 부위 백회百會 주변의 우주통과 기혈 조정용 해초형의 필터 산알 ⑤ 대림代林: 두개골 뒤쪽 목덜미 상층 부위의 태양광

선 여과로 인체 배변의 예감 기능을 강화시키는 산알 ⑥ 용문龍門 ⑦ 해석海石 ⑧ 추해醜海 ⑨ 미령美鈴 ⑩ 입정立頂 ⑪ 다미多尾 ⑫ 유골流骨 ⑬ 개장皆壯 등 여덟 개 산알은 아래턱과 목 덜미, 어깨 등지에 퍼져 있어서 표층경락의 음양생극 재생을 촉발하는 기능을 하는 산알 ⑭ 주도周道 ⑮ 가지可知 ⑯ 애세哀世 ⑰ 묘목리描木裏 등은 가슴과 등 부위의 확충적 동물 기능을 조절하는 산알 ⑱ 다미리多美里 ⑲ 웅천면熊川緬은 배꼽과 배꼽 위 안쪽 근육들과의 이완을 감당하는 산알 ⑳ 도선착到船着 ㉑ 개선수皆船首 ㉒ 재임선再臨船 ㉓ 조실선早失船 ㉔ 만학선晩學船 등은 배꼽 아래쪽과 하단전 기해氣海 사이에 밖으로 열린 출입자재의 산알 기능들 ㉕ 불두不頭 ㉖ 애월涯月 ㉗ 중중무重重霧 등은 성기 주변의 현훈眩暈을 조절하는 산알 ㉘ 외무外霧: 왼쪽 다리와 사타구니 사이의 불룩불룩하는 근육통을 조절하기 위해 근육질 사이에 끼는 아지랑이 같은 산알 안개 ㉙ 내소산內蘇山 ㉚ 외소산外蘇山 ㉛ 중소산中蘇山은 왼쪽 무릎을 둘러싼 작은 뼈들의 튕겨져 나가기 쉬운 분해를 막는 산알들 ㉜ 초조初潮 ㉝ 중조中潮는 남녀 막론하고 몸이 안 좋을 때 성기에서 그 신호로써 흐르기 시작하는 진녹색 액체를 조절하는 흰 물의 산알 ㉞ 변막變膜: 발바닥에 끼는 때를 제거하는 변화무쌍한 막으로써 몸 위쪽의 무게로부터 두 다리에 가해지는 압력을 지탱하는 안개 같은 무서리 산알 ㉟ 동모리洞毛里 ㊱ 동막봉洞莫峯 ㊲ 동초호洞草湖: 모두 다 항문의 탈홍과 피 쏟아지는 증세를 막는 산알 기능 ㊳ 개심중皆心中: 오른쪽 옆구리에 있는 정신 피로증을 조절하는 산알 ㊴ 묘묘妙描: 허리를 구부려 온몸의 경직화를 막는 일종의 고양이 효과를 내는 산알 ㊵ 애머리[兒頭]: 오른쪽 손가락에서 달이 둥글어질 때마다 발산하는 아이 머리 모양의 작고 둥글고 보드라운 원형 산알, 온몸을 유연하게 하여 달이 교체하는 15일과 16일 사이에 온몸의 변화를 촉성하는 산알(정역의학에 따르면 포오함육월包五含六月 또는 오운육기두五運六氣頭라고 할 수 있는 산알). 마지막 41번째는 좀 애매하다. ㊶ '멍': 이름 없는 산알로서 주로 몸의 일정 기능을 정지 시켜 '멍' 한 동안 에 새로운 세포나 기관의 활동을 촉성하는 중간적 휴식 기능을 감당하는 산알. 일설(경락학이나 단전학)에 따르면 산알 전체의 갱신이나 새로운 생성을 총괄 결정하는 총괄 기능 산알일 수 있다. 불교 같으면 무심無心의 정화·통합 기능과 같다.(한국에 돌아와서 '희비리喜悲籬'란 산알 명칭을 하나 더 추가하여 42가지로 최종 정리함)

이상 41가지 산알 활동의 연쇄구조나 생명학, 우주생명학(인체 내에 이미 영적·우주적 기능이 홀로그램적 만재 상태이므로 인체 내의 오복승五復勝 내지 십오복승十五復勝과 같은 오운육기론적 우주생명 작용이 확충한다는 이론에 입각해서 정립될 것이라 함)적 법칙은 아직 정확하게는 정립되지 않았다. 그러나 우선 「천부경」 81자字의 묘연妙衍 수리원칙과 그 확장으로서 531441 연쇄 층위 구조, 그리고 그것의 복잡화 과정인 2,672가지 이름을 가진 불성명호佛性名號, 즉 여러 종류 사리의 치유적 성질과의 관계를 해명해야 할 것이다. 그리고 앞으로는 84,000가지 '지혜의 해탈문'과의 깊은 연관도 불교 전문 의학에서 검토해야 할 것이다. 그리고 이것은 회음의 우주생명학의 기본 수리학과 우주 복합 콘셉터의 '우주생명 창조적 발상 지원 시스템'의 소통과 그 상상력 촉발 구조의 수리적 기초로서도 연쇄될 수 있을 것으로 생각한다.

명심해야 할 사실은 포괄적 범위 안에서 이 산알은 우주 생명계의 모든 가능한 독성毒性의 사고계나 그 숫자와 정확히 일치하는 것 같다는 점이다. 물론 내 생각이지만 전문가들의 검토가 있어야 하지 않을까?

우리는 이러한 원칙이 풍수학의 형국形局에서 확충성, 즉 그 확산성과 수렴성에 기초한 '신토불이身土不二'나 '독약불이毒藥不二'의 원리에 그대로 일치한다는 점을 우선 명심하고 철저히 검토해야 한다. 밑져야 본전 아닌가! 거듭되는 생명 위기 앞에서 이 정도의 투자도 꺼릴 것인가?

그렇다면 묻자. 이것은 요즘 한국에서 대유행인 '유전자 게놈 지도'와 유사한 포괄적 일체성과 비슷하거나 같은 것인가? 대답은 '천만에'다. 일본의 분자생물학 연관의 최고 경락학자 '가쓰에 미로시[加明敬夫]'는 단언한다.

" '유전자지도'는 그 원리가 단편적이거나 부분적이고 산알의 특성은 총체적이며, 전면적·우주적 개체 압축이다. 전혀 다르다."

그렇다면 무엇이 중요한가? 유전자 게놈은 완전히 폐기 처분하자는 주장인가? 아니다. 그럴 리가 있겠는가? 언제나 옛 것은 새것 안에서 제 빛을 찾는 법이다.

산알 안에서 유전자의 부분성·단편성이 그 나름의 빛과 몫을 찾도록 통합하는 새로운 생명학이 있어야 할 것이다.

나는 이와 같은 생각들을 기술하면서 산알과 관련된 이 같은 구체적인 생각이나 숨은 정보가 왜 남쪽의 따뜻한 한반도가 아닌 스웨덴의 이 스산한 스톡홀름, 북극 태음의 물에 가까운 이 북방의 추운 지점에서 촉발되는 것인지를 참으로 신비스럽게, 어떤 점에서는 망상이 아닌가 하는 기이한 회의심까지 동반하면서 내내 어떤 형태의 '무서움'까지 절감한다는 사실을 이 자리에서 고백하지 않을 수 없다.

2009년, 기축년, 후천개벽이 본격화한다는 이 해의 10월 9일, 이 이상한 날, 낮 3시 정각, 바닷물이 들어오는 스톡홀름의 멋쟁이 거리에 있는 '에스플라나다'라는 호텔 한 작은 방에서 그냥 쓸데없는 잡념이라 생각하여 밀쳐 버릴 수는 없는 일 아닌가! 아닌가? 이 글 쓰기를 마친다.

산알 모란꽃

서시序詩

남쪽의 남쪽

땅끝

또는 강진 또는 무안과
고하도 앞바다

그
중간 거리 목포 하당 언저리

유달산儒達山
승달산僧達山
선달산仙達山
모이는
웅덩이
한반도의 회음
시커먼 사타구니로부터 이곳

북극 태음 근처

스톡홀름

물 흥건한 이곳

이 에스플라나다 호텔

31호실

한밤

쌔하얀 산알

6조 개의 세포로부터다

아,

남신원만북하회南辰圓滿北河回.

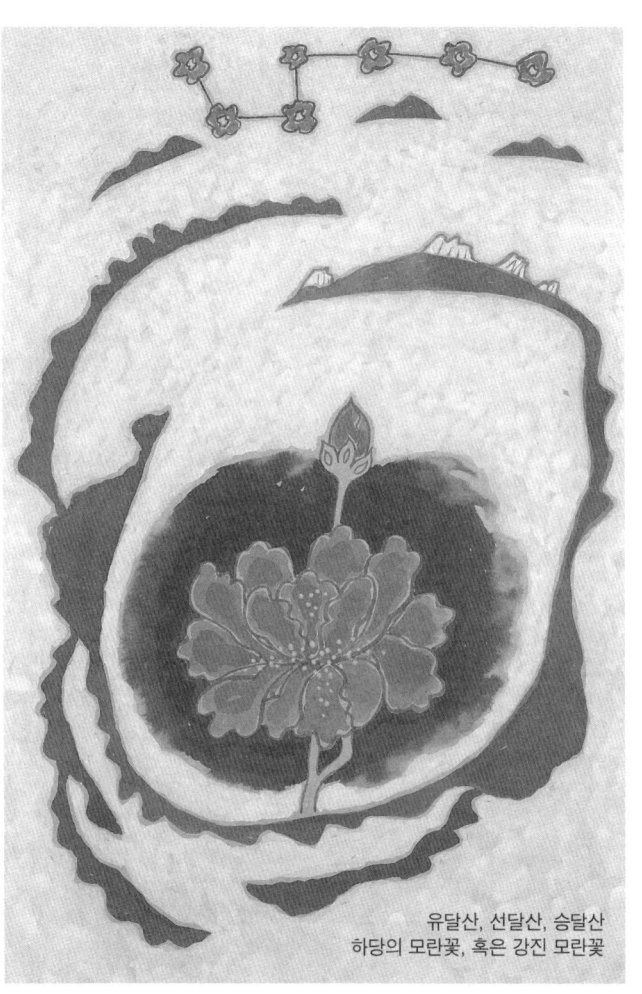

유달산, 선달산, 승달산
하당의 모란꽃, 혹은 강진 모란꽃

번용煩戎

별

푸른 별

6조 개의 푸르른
새푸르른 북극 천공의 온갖 별

은하들 성운군들

천시원 자미원 태미원과 북극성
북두칠성과
지구자전축

내 몸 언저리 십오 미터 시방으로
빛나며 반짝이며 춤추며 춤추며 때론 하얗게

목포 하당
시커먼 웅덩이 그 밑바닥

남쪽 물
아낙의 하얀 물이 북쪽
태음의 물을 바꾼다

에스플라나다 호텔 앞
검은 스톡홀름 부두 물결이 운다

아하

운다

삼천 년의 기인 긴 천지경위天地傾危의
대황락위大荒落位의 세월을
운다

아하
기위친정己位親政이라오.
네페시 하야의 예루살렘 입성 소식!

아하

촛불이라오.

1. 번융: 6조 개의 세포로부터 솟아오르는 별 모양의 번형적 燔形跡 산알.

2. 천시원天市垣, 자미원紫微垣, 태미원太微垣: 북방 천공의 성운군들. 파미르 고원의 마고성에서 소巢를 세워 관측했다는 성운군들로, 우주율 '팔여사율八呂四律'이 들려왔다는 천시원 등의 성운군들.

3. 지구자전축: 2,800여 년 전 주나라가 세워질 때 지구자전축이 본래의 지구 북극의 태음 위치에서 서남북 쪽으로 기울어 기위己位, 또는 대황락위大荒落位(음양 열두 간지에서 여섯 번째 위치)에 떨어지고 나서 삼천 년 이후 후천개벽을 당하여 본래의 북극 태음의 물과 생명의 자리로 되돌아온다는, 김일부 金一夫의『정역正易』에 나오는 기위친정설. 지난 2004년 인도네시아 '쓰나미' 사태 때 지구의 대륙판과 해양판이 부딪힌 것이 바로 지구자전축이 북극으로 복귀하면서 일어난 사건으로서, 그 이후 지구 냉각 현상이 이어진다고 함. 최근 '나사'가 8㎝ 이동을 확인함(〈중앙일보〉, 2010년 3월 3일자)

4. 동학의 해월 최시형 선생의 가르침에 따르면, 후천개벽은 북극 태음의 물의 대변동이고, 그 변동은 부인들 몸속의 월경 때문에 일어난다고 한다. 수운 최제우 선생의 시에 따르면, 남쪽 별자리가 원만을 얻을 때 북극 태음의 물의 변동에 따른 자전축과 북방 천공의 은하수 등이 본래자리로 복귀한다고 한다. 지구자전축이 북극으로 복귀할 때 '십일일언'이라는 여성, 어린이, 쓸쓸한 대중의 직접민주주의 화백이 나타난다고 한다. 2008년의 시청 앞 첫 촛불(4. 29~6. 9)이다. 예수의 산상수훈의 저주받은 자들(네페시 하야)인 여성, 어린이, 쓸

쓸한 대중이 예수를 앞세워 예루살렘에 입성하는 소식이 또한 그것의 2000년 전 초과 달성이다.

5. 작가 천승세千勝世는 더러운 웅덩이 하당下㵎 출신의 여성 솟례를 '화당리 花㵎里 솟례'로 들어올린다. 밑바닥 웅덩이 하당이 어떻게 꽃연못 화당花㵎이 되는가?

6. 오운육기론五運六氣論에 따르면 산알의 회음복승會陰復勝 이후 몸 안에서의 오복승五復勝 과정의 맨 마지막인 6조 개의 세포로부터의 복승인 번형적煩形跡으로 복승하는 수많은 별 같은 산알이 바로 번융煩戎이다.

청미靑眉

푸르다 하지만
푸른 것 아니다

푸름은 아득한 어려움, 푸르름은
신이 들며나는 뇌의
길

다만
그 길이 짧다는 것뿐
짧은 그 길에 가득가득 쌓이고 쌓인
삼천 대천 세계
아득아득 깊고 깊은 십식 십이식
그리고
어쩌면 십이연기법 이외에도
더 나아갈
십오복승의 무궁적에까지

아

생각하다 명상하다

뜨거워 타 없어지지 않도록 식히도록 식어

서늘하도록 가도 이마 속

두 치 세 푼

새푸르러 푸르러.

부천副天

내가 너에게
너라고 부른다

이마 속으로 이마 속으로
생각이 파들어 가면 갈수록

너는 나고
나는 너임에도 항상
나

나일 뿐
우주는 이 안에 있지도 않다

다만
내가 너에게
너라고 부를 때만

내 안에

살아 있다

우주라고
한울이라고 부르는
네가
나로서.

목초木艸

나하고
함께 저리로 나간 이가 있었다

저리로
머릿속 바깥으로
나하고 손잡고 마치 애인처럼.

간첩

간첩이었다.

그 이름은 이제 잊었다
다만
그 오른쪽 엄지에 항상
흰 붕대가 감겨 있던 것만
기억난다

칼자리.
그녀의 이름이었다.

대림代林

누군가
온종일
나를 따른다

등에
무수무수한
칼날이

눈칼이 와 박히는
그 겨울 내내

난
단 한 번도
걸어서

남산에 오른 적이 없다

예감

내 어릴 적
그 산에 처음 올랐을 때의 투명한
흰 눈물을
살해할 것 같은
예감에.

용문龍門

내게
네 눈빛이 오면

내 넋 속에
침이 꽂히고

침이
내 몸 저 아래쪽
웅덩이에서 한 마리 못난
붕어를
들어올려

높은 곳 아득히 저 높은 곳
용문으로 들어올려

내일은
날개를 단다.

아하
하당아 하당아

고향 뻘바탕의
이젠
있지도 않은 옛옛
검은
꿈자리야
무덤 자리야.

해석海石

시퍼런
하늘이 시퍼런 날은
더욱
그랬어

영산강 한복판의 시뻘건
백돌섬에서 한 사람

흙을 먹고 사는
머리에 흰 띠 두른 낯선
그 한 사람이

제 침으로 붉은 벽돌을 만들어
내내
던졌다더라

월출산 꼭대기로
바닷돌

던져

달 떠오르도록 내내 던지고 던져
지금도 던져

주야晝夜 평균平均

오호라
낮과 밤이 똑같은 시절
춘분 추분이 중심인 시절

오호라
적도 황도가 하나 되는 그 시절
그 유리의 시절

우리 몸 안에서
만들고 있다지

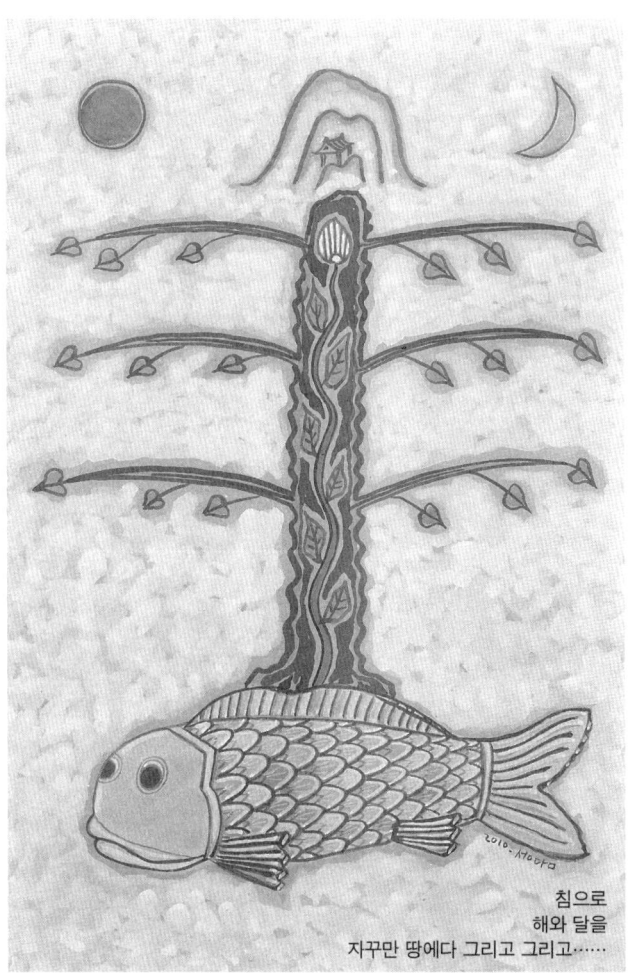

그래
그랬어

소송小松 제자 하던 환쟁이
정환 형이
내게

여덟 살 때
가르쳐 준 것

건강하라고
건강하려거든

흙을 먹고 살라고
침으로 해와 달을 자꾸만 땅에다
그리고
그리라고
그리다가 죽으라고.

추해醜海

난
못 가

고하도 앞바다
절벽 아래로는 못 가

거기
쇠고랑 달려 있는 것
그것
못 봐

못 봐
6·25 직전에 그 근처 갔다가
절름발이 애새끼 서울 애새끼
한 놈

거길 가리키며
소리 질렀어

— 저기 저 고하도
절벽 아래 쇠고랑 밑에서
밤마다
사람 우는 소리 들린다
대가리 붉은 대가리
일곱 개 달린 새가 나와
밤마다
하늘로 날아간다

너 봤니?
너 봤니?
못 봤어?

에끼 이 병신아!
엿이나 먹어라
이, 이, 이 고하도 같은 새끼야!—

    아마

그래서 우리 아빠

살았을 거야

내가 거기 못 봐서

그래서

보도연맹 때 전기 기술자라고

배 타기 전에

살았어

아마

그래서

나도 살았을 거야

지금껏

병신 안 되고

그래.

미령美鈴

내가
애기였을 때

가난뱅이 주제에
난데없는 구두에 털모자에
외투까지 입고
목말 위에 앉아서
사진을 찍었어

사진.

등신같이 울고 있었지
만날 울었어

울음
그 울음은 예쁜 방울 소리야.

왼손잡이

오른손잡이

    균형 잡으라는 예쁜 예쁜
    아기
    울음소리였을 거야. 그래.

입정立頂

하도 무서워
절에 못 갔다

하도 하도 무서워
사천왕이며 절집 대문에 선
시뻘건
눈을 부릅뜬.

일어서려고 애썼지
애 많이 썼지

정신병원에서 어찌하면
균형 잡는지

공이 색이고 색이 공이고
왼쪽 오른쪽 균형 잡는지

부처님한테 가려고
애 많이 썼지

하도 무서워
절에 못 갔지

하도 하도 무서워
사천왕이 무서워

어릴 적 외할머니 따라 갔다
하도 크게 놀란 뒤
너무 무서워

지금도
부처님은 좋은데
절은 무서워

곧추서려고 애도 많이 썼는데
꼭대기에 꼿꼿이 바로 서려고
애도 많이 쓰고 있는데.

다미 多尾

원주에서
원주학을 공부하다
원주의 고려 시절

오대산 화엄 성지의
말사 구룡사의 화엄민중운동 공부하다가
깜짝 놀랐다

맹암孟庵이란 스님
아낙과 아기들 아픈 이들이면
꼬박꼬박 밤새워 간호하던 스님 곁
노비 두 사람이
느을
붙어 있었는데

깜짝 놀랐다

그 둘이 어느 날

스님 흉내 내느라 민중 해방에
노비 반란 일으키려다
스님은 튀어 달아나고 없고
스님 간 데 대라고 고문 고문 당하다
네 갈래 주리 틀어도 입만 닫고 있다가
구룡사 깊은 연못 속에
돌 아홉 개 달아 가라앉혔는데 그 이름이

어허
깜짝 놀랐다

한자로 써 놓고 보니
사미四尾와 주리柱離라!
네 갈래로 주리 틀었다니
그래서 만들어진
입소문 이름일까

四尾 柱離

四尾 柱離

그래
나중에
오대산 서대 우통수에서 자살해 죽은
맹암 스님의
저승 벼슬 이름일까

아하
다미多尾는 여우 이름인데도
분명하다

옛날 옛날
육이오 때 연동 뻘바탕
하당 언저리에서
국군 수복 때 찢어 죽인 빨갱이
뚜갱이 시체가
다미였으니

아하

저승에서
빨갱이 세상 독일 이념의
하늘 소비에트에서 붙여 준

뚜갱이 이름일까

多尾
多尾
多尾라!

아하하하하

억울하지 말라고
음양이 꼭 같다고
다아 맹암이라고!

유골流骨

흘러가지 말라고
그랬어

뼈가 흘러가면 어떡해?
흐르지 말고
곧추서라고

그랬어

한밤중 술 한 잔에도
곧추 일어서
하늘을 보고
욕질하라고 그랬어

그러다 그러다
벼락 맞아 죽더라도
그저
곧추서 사는 게

흐름보다는 더 좋다고

그래

그래도
흘러갈 터이냐
이 뼈새끼야
이·이·이
뼉다구야!

개장皆壯

개장국이 아니라
모두 모두 장하다고
그래서
개장

재작년 오월 밤 시청 앞에 나가
촛불 구경하다
촛불 구경하다
개장 구경했다오

오십쯤 먹은 노틀이가 얼굴 숨기고
으스스한 목소리로 한마디 하데
"이명박이를 찢어 죽이자!"

곁에서 스물일곱쯤
촉새 같은 여편네가 흘깃 보면서
"너나 죽여라!"

내 바로 곁에 서서 코 훌쩍이던
아홉 살쯤 열 살쯤 초등학생 하나 왈
"종이냐, 찢게?"

허허허허허

돌아오며 돌아오며
내내 버스에서 중얼거렸소

개장

개장

개장

개장국이 아니라
모두 모두 장하다고
그래서
개장.

주도周道

우리 장모님
돌아가신 박경리 선생 작품 중에
제일은
토지

토지 중에서 인물
제일은
전라도 놈

주갑周甲이.

주갑이 주나라 임금 보려고 만주 왔다는
머저리 전라도 놈
그놈을
장모님은 제일로 쳤소.

어째서일까
자주 생각합니다.

주도周道

주나라의 길을 철저히
반대해서였을 겁니다
그래서 제 할아버지가
주천자朱天子 보고 오라 했다고
낄낄거렸죠.

왜?

주나라 서고 나서
지구자전축 서쪽으로 자빠지고
삼천 년을 내리내리
밑바닥들 고생만 했지

밑바닥 중에도
밑바닥은
전라도 놈 주갑이라

그래서

주나라가 언제 망하느냐
물어보러 간 거지요.

수왕회水王會라오.
주나라 망할 때 지구자전축
북극 돌아올 때에

아낙네와 애갱치*들
전라도 놈, 동학당들
모두 다 살아나서
화백회의 벌이는 그날
후천개벽 온다고

그날을 준비하는

---

* 애갱치: 20세 이하의 젊은이.

임실 장수 전라도 놈
해월 졸개 빈삼彬杉 스님 졸개
수왕회라오.

허허허

오늘
산알 생각다가
주도周道를 보니

가슴과 등 부위에
짐승 같은 목숨 기능을 되살리는 것이
주도라 하니

허허허
주갑이 생각이 나
후천개벽이 생각나
재작년 시청 앞

촛불이 생각나

그래요
웃음밖에 더는 안 난다오, 주갑이 수왕水王!

가지可知

묘하네요
'알 만하다' 니!
더구나 한마디 덧붙여
'불문가지不問可知'라!
'물어보지 않아도 알 만하다니!'

참 말
묘하네요.

뭐가요?

배고프면 등 구부러지고 배부르면
앞으로 배가 쑥 나오는 것

여자들 보면
괜히 손가락이 바빠지는 것
눈 반짝 반짝 반짝

허허

그것 참

묘하네요.

애세 哀世

왜
세상을 슬퍼하는가.

왜
슬픈 세상인가

세상을 슬퍼할수록 슬퍼할수록
세상은 밝아지고 더욱
밝아질수록

슬픈 일 자꾸 생겨나는 것
이 세상

아
그래서
나
이곳
배부른 산 무실리無実里 아래

자그마한
글방 하나 열고
고양이 딸 김막내

땡이란 놈
그 곁에
서당 하나 열고

뒷산 딱정벌레 앙금이
벌레 새끼 앙금 앙금이
그 새끼의 새끼 앙금 앙금 앙금이

흰 구름 한 점
수선화 한 그루 잠자리 메뚜기랑 바람결
모두 친구 해

언젠가
하늘이 준 이름

김지하의 호 '노겸(勞謙)'
『주역』, '지산겸(地山謙)'

노겸勞謙으로 산다네

슬픈 세상을
슬퍼하며 애쓰며
나아가지 않고

그리
쓰고 쓰고 또 쓰고

그리
산다네

노겸勞謙의 또 하나 이름은
애세哀世.

묘목리 描木裏

고양이
등줄기에서

땡—

종소리 납니다
온종일 야옹야옹
속에서
내 마음에

땡—

종소리 납니다

고양이 등과 배가 앞뒤로
불룩불룩하는 소리
배 가는
그 소리

땡—

산성 센트라우볼
아르곤 다르볼륨

피부 피하지방질 촉성 박테리아
그 안에서 눈 뜨는
뇌세포들이

땡—
땡—
땡—

머지않았습니다
중생 해방 대해탈의 날

땡땡땡

가슴과 배가 함께

노래 부르며

확충하고 충확하고

우주 바깥까지 그 바깥 무궁에까지

충입 충입

대복승하고 개벽하고

그리고 나서는

땡—

고양이 나무줄기 속에서

짚세기가

웃습니다.

땡—

다미리 多美里

어느 날
여주 휴게소 갔다가
만나기로 한 사람 못 보고
돌아오는 차편도 없어
두리번거리다 두리번거리다

뒤편 길
반두리 벌판으로 나온다
나오다
갑자기
울음을 터트린다

CD를 팔며
가설무대 위 노래 부르는 가수
김채우 몰골이
똑
우리 원보 같아서 원보의
외로움을 보는 것 같아서 갑자기

울음을 터트린다

울음
아들을 위한 울음

두 번째다

한 번은
감옥에서 막 나와
버르장머리 없는 애기 원보 가르친답시고
회초리를 들었다
그날 밤

아이를 치는 것은
한울님을 치는 것이란
해월 선생님 말씀 기억하고
술 취해
울고 또 울고

그러고는
두 번째다.

원보의
외로움을 처음 느낀다

김채우의
쓸쓸함

긴 머리
수염
청바지에 너덜너덜한 구두.
스산한
목소리

뒤꼍 길가에서 소변보다가 문득
고양이 한 마리

땡이다

또 눈물 흐른다

걸어서 걸어서

반두리를 걸어서 그 벌판에서

작은 공장 옆
한 쬐끄만 주막 밥집을 만나
밥을 먹는다

택시를 부르기 위해서다
난데없이
기가 막히게 맛있는
김칫국을 마시며
여기가
어딘지 묻는다

반두리
가경면이다

한백겸 무덤 근처의
기전제箕田制를 주장하던
백번 겸양의
선비의
무덤

    오는 길에 새삼 깨닫는다
    옛 기전제의 서정시 비유가 바로
    다미리多美里
    가운데 공전公田도 가장자리 사전私田도
    모든 것이 다 어여쁜,

    아하
    내가 좋아하는 몇 안 되는 여인
    명성황후 무덤도

이 근처다

　　　다미리

이제
내 마음에 뚜렷이
겸謙이 들어옴을 알겠다

웅천면熊川麵

곰은

금

옛 임금이다
웅천熊川이면 임금의 냇물 금말이다
그곳
국수라니
희한타

요즘은 중국 애들이 저희도 곰족의 후예랍시고
웅녀상熊女像 높이 세우고
뭐든 좋은 건 다 저희 거라고
황제黃帝도 곰족이라고 하니
혹시는
중국 국수 말인가

나는 안다
곰은 농업문명의 시작이요

왕권국가의 첫 샘물
여성 왕통의 기인 전설이 서린 동북방
동아시아 문명의
첫 불씨다

그럼에
배꼽

다만 배꼽과
배꼽 살짝 위에 있는 근육질과의 투쟁이다

누가
말리나

허허허
누가
말리든 말든

곰은
곰.

곰의 배꼽은
분명
금.

배꼽 이외엔 임금 없다
농사도 없다
삼태극도
물의 우주도 달의 시대도
현빈玄牝도
없다.
― 국수는 애당초 배달국의 선물이다.

도선착 到船着

기해氣海는
바다.

물의 시대 달의 시대 음의 시대가 온다

기해 하단전은
바다.

우리는 나가야 하고
하당은 나가야 하고
목포도 무안도 강진도 해남도
전라도는 나가야 한다

동아 지중해 아닌
세계의 새로운 지중해가 서쪽 바다

나가야 한다

나가자면

기해에

배를 대라.

이제 도리어 배를 대야 나아가느니.

개선수皆船首

민요에서는
선수동船首動보다
선미동船尾動을 더 쳐 준다

배 앞에 더 무거운 말이 먼저 나옴이고
배 뒤에 더 무거운 일이 나중 터짐이다

그래야
멋있다고 했다

그러나
요즘 민요는 다르다

선덕여왕에서도 미실이와 덕만이가
서로 경쟁한다

대사 앞쪽이
훨씬 무겁다 둘 다 그런다

앞으로 가거라
해양시대 물의 시대
바다의 문명은 민요가 아니다

먼저
나가거라 모두 모두 다 먼저다

부디, 먼저다.

재임선 再臨船

선장도 모르고
부두전문가 해양학자도
새까맣게 모른다

며칠 뒤
이 배 떠나면 한 바다에서
파선할 줄은
아예 알지 못한다.

배 속의 쥐만이 안다
알기에 배 떠나기 조금 전
모두 다 줄을 지어
배를 내려 버린다

기감氣感이란다
옛날엔 사람도 그랬는데
지금은 뭐가 씌워서 새카맣게 새카맣게다

중국 생태학자

이민홍異愍泓이 쥐를 해부한 뒤
쥐의 사타구니

회음會陰에
아하
놀랍다.

블랙홀, 화이트홀
초신성 폭발에 그린 포플러, 옐로 보우넛
온갖 우주 현상 다 감지하는

화엄뇌華嚴腦가
작동함을 알아냈다

사람도
그렇단다

그러매 이제
이렇게 생각하기다

사람이 조금만 생명의 배를 안다면
며칠 뒤를 알 거고 알면 준비할 거고

준비하면
그렇다
웃으며 웃으며
재임선再臨船할 거다
쥐들도 따라 오를 거다

그때는
보자

목포 부두에 쓰인 한 간판 위

"사공의 뱃노래
가물거리고"는
고쳐야 할걸!

조실선早失船

이렇게 하자
놓치지 말고
놓자.

스스로 손을 펴서 아침 선박은
일찌감치 놓아 버리자

왜?

아침엔
바닷물이
손님을 안 받는다

똥 싸느라고.

바다가
똥을?

그래.

똥

    — 무엇이 똥?
    — 동트는 아침의 붉은 먼동이 바로
다름 아닌 똥!

만학선晩學船

늙어
배 타는 이는
행복하다

배는 어느 배나 어느 물에서나
똑바로 가는 배 없다는 것

좌로 우로
기우뚱 기우뚱
그러고는 빙빙 돌면서
목표로 접근하는 게

똑
공자님 시중時中 같다는 것
확인하게 되니까

늙어서
성인 말씀 깨우치는 것

행복한 일이니까

그러니까
늙어서 배 타는 이는
돈을
더 낼 것.

불두不頭

머리가
아니다가 아니다

머리는
안 된다도 안 된다

그럼
무엇이냐?

잠지 근처를 말할 때
불두덩이라고 부르는 것
바로
그것.

불두不頭.

    그러나 사실은 이 말
    — 좆같은 새끼!

애월涯月

내가
세상에서
제일 좋아하는 말

현람애월민玄覽涯月民 중 아낙에게 해당하는
'물속에 잠긴 달'

제주 바닷가에서
가장 해녀 냄새 많이 나는

옛
김만덕 할멈의
고장

현람애월민은
묘연妙衍이라는 천부경天符經의 암호는
애기와 아낙과 쓸쓸한 민초의
뜻.

1895년 음력 4월 5일 밤

이천군 영산면에 해월 선생 숨어서

결성된 화엄개벽 모심의 비밀 조직 이름

'水王會'

'水王會'

'水王會'

여성 주체

어린이 주체의 재작년 촛불의 전신前身.

아

애월涯月이

그러니

곧

포오함육包五숨六임은 아는가?

여인의 보름달이 어린이 초승달을 밴 것

개벽임을

아는가?

그래서

애월이 또한

오운육기五運六氣의 시작인

애기달임을

아는가?

아는가?

참말 아는가?

    그 근처는 늘 아지랑이 끼지만

    아지랑이 없이는 달 안 뜨고

    달 안 뜨면 여성 세상 안 온다네

    그러면 개벽도 없고

    화엄도 없고

    모심도 없지

    알겠는가?

중중무 重重霧

그라비아
소용없다

항생제
그런 거 안 듣는다

이젠 세상 사람 다 안다
서양 것 중국 것
그것 모두 사기란 것

이젠
다 안다

그럼 어떻게.

안개 끼어도 거듭거듭 끼어서
그 물기로 다 닦아 내는 수왕水王치료법
백두산 천부天符의학

치료법

중중무重重霧 산알.

아

행복하구려!

외무外霧

명나라
소손영이가
주역을 병법에 쓰다
크게 망한 뒤 술에 떡이 돼서
주문왕 욕을 욕을
거듭했다네.

— 에라 이 안개 낀 좆같은 놈아!

'무실霧實'

지금의 중국 경제가 바로 무실
이른바 '거품'이라네.

일본 사람
대천풍웅待天豊雄은
그 까닭을
돈 밑에 시간이 안 쌓여서라 했다네

이른바
'장기 지속'이 없다는 것.

그것이
무실.

그러나 여보게
허허
이건 그 반대야 반대.

거품 같지만
거품이 아니고
실속 있는
'콩종튀르'야
장기 지속이지

허허허
그래서

무실 아니라

외무外霧라니까.

근육통 근절하는 산업혁명 때의 그 밑바닥
축적 순환의 50년 그것.
그동안 유럽 시장엔 안개만 안개만 안개만.

알겠는가?
아지랑이 산알 안개
우리나라 국운일세
조오치 않은가!

내소산 內蘇山

난
이제
거기 안 간다

내소산
옛 아픔이 서리서리 쌓인 곳
소정방 쳐들어 온 그 바닷가
백제 부흥군 망한 곳에 동학당 모조리 참살당한 땅
그곳

선운사 동백꽃
아무리 고와도

난
이제
거기 안 간다

왼쪽 무릎 둘러싼 작은 뼈들

웅숭거리는 그 가여운 해안

나

이제 여기서 그리워만 그리워만 그리할 테다.

외소산外蘇山

나의
바깥은
사마르칸트

우즈베키스탄의 서쪽 실크로드 중심
사마르칸트

옛 이름은
졸본성卒本城

그 촐폰아타가 바로
나의 외소산外蘇山

    아프라시압 지하 박물관
    조로아스터 신상 아래 프레스코 중앙벽 위
    고구려 사신 두 사람 서 있던 그날
    나는 놀라 깨달았다

당나라 이세민이 어째서 백만 대군으로
이백만밖에 안 되는 고구려를 쑥밭 만들려
했는지
그들은 포위된 걸로 안 것이다
온 중앙아시아 그 넓은 대륙을 신시神市가
온 부족 연맹의 그 복잡한 시장을
획기적으로 재분배한 그 신시의
호혜교환의 위대함을 질투한 것이다.

나의
외소산
사마르칸트의
비비하눔 성전 그 앞마당의
거대한 바자르 촐폰아타는

또 있었다
키르키스의 이시꿀 호숫가 1,500미터 고지에
전 세계의 계꾼들 1000년을 계속 모이는 신시

야르마르크트의 옛 이름이 또한
촐폰아타.
졸본성.

나는
나의 긴 여행을 마친다

신시는 이제
우리 안에 우리 밖에 온 세상에 있다
우리가
가면 되는 것이다
우리가 스스로 거기로 가면.

중소산中蘇山

나는
백두산白頭山을
중소산中蘇山이라 부른다

산 위에 물이 있음
'산상지유수혜山上之有水兮'의 수운시 자리여서다

그것은
간태합덕艮兌合德이니 옛날의
산택통기山澤通氣

지금은 한미 파트너십에 의한
신시 신문명의 후천개벽.

백두산을
아무리
장백산이라 불러도 소용없다

하늘 아래
산그늘
산그늘 아래
하얀 그늘

산 위에 물이 있는

신시

비단 깔린 장바닥을 모르는 자들이

그래봤자

중소산이 무엇인지 알 리가 없다

중소산은

중원中原이다

신시대의 중원은 한반도요

한반도는 아직도

남건북곤南乾北坤을 베트남과 캄차카에 미뤄 놓은

고통과 모험의 땅

남리북감南離北坎의 흰 그늘의 땅

중소산이다.

그것은

창조와 성배聖杯일 때만

비로소

중원.

다른 것일 수 없다
돈 좀 들어온다고 중원이라면
유럽 미국은 중중원中中原이요 중중소中中蘇였는가
그렇지 않다

다만
나는 오늘
그 백두산의 물이
남쪽에서 돋아나는 것을 본다

왼쪽 무릎을 둘러싼 작은 뼈들의
분해를 막는 물
아!
작은 웅덩이 남쪽이 이제

백두의 중소산 위의 물이다.
기위친정己位親政 아니던가!
그 물이다.

초조初潮

해월
최시형 선생은 가르친다

후천개벽은
북극 태음의 물의 변동이고
그 물의 변동은
여성 몸속의 월경 변동이라고.

남쪽은
반도의 회음
세계의 자궁.

그 물이
더욱이 그 초조初潮가
병든 세계를 살리는 산알임을
나는

믿음이 아닌
앎으로

깨닫는다

왜냐하면
목포 하당을 보고 생각하던 산알이
스톡홀름의
시커먼 북극 물을 보면서 나에게 찾아와서다

남녀는 물론이고
성기로부터 몸 전체가 안 좋을 때
그 신호로서 흐르기 시작하는 진녹의 액체를
알맞게 조절하는
흰 물의
산알

그것이 곧 전라도인 까닭이다.
나는
이제
고향에 안 간다
나는 고향이 내 그리운 고향이

그 짓밟히던 고향 갯땅쇠 밑바닥이
곧
곧
임금 자리에 되돌아가기 때문이다

스톡홀름의 검은 물 앞에 내린
산알의 계시는
목포 부두와 하당에서 산알을 생각한 뒤
일주일 만이었다.

아!
열세 살 때
목포에서 쫓겨나던 아버지

그 아버지 얼굴 샛노오란
절망이 떠오른다.
고향이여 고향이여
영생永生하거라!

중조中潮

내 사는 곳은
강원도 원주
배부른 산 무실리無實里다

오대산 화엄성지의 말사
구룡사가 있고
배론엔 황사영 잡혀가 죽은 서학 성지가

호저면엔
동학 최해월이 잡혀가 죽은 마지막 자리가 있다

가까이는
정약용의 실학의 강이

또 더 가까이는
여성 기철학자 임윤지당의 땅 간무곡이 있다

이곳에서 지학순 주교 반유신 민주화가

박경리의 토지와 생명사상이
활짝 꽃피었다

이곳이 언덕
원만의 땅.

수운시 한 구절
남신원만북하회 南辰圓滿北河回
— 남쪽 별자리 원만을 얻으면 북쪽 은하수 제자리에
돌아와 개벽 이룬다

그렇다
중조선
그 원만의 땅 위

중조다
이미 남조선의 초조初潮를 깨달았으니
이제 그래서 중조를 살필 때다

그래서
내일은
북극과 저 북쪽의 후천화엄개벽을
세계로 세계로 널리 널리 펼칠 때다.

변막變膜

안개다
무서리다
4천 년 유리 세계다

동해안에 저온
오호츠크 해의 기단 냉각
하바로프스크에 여름엔 섭씨 15도 겨울엔 영하 5도
3년 간격으로 오고 있다.

북극엔
사모아 바랑카에
뜨거운 물이 빙산 바다 밑에서
솟는다

적도 황도
춘분 추분
낮과 밤이
일치한다

눈 내리던 케냐에
'비비컴 · 나르발라돔 · 하이예'가 휩쓴다.
'이랬다 저랬다 변덕스러워지는 알 수 없는
안개 띠의 부연 날씨다'
그렇다
유리 세계다
온난화만 아니다
간빙기도 겹친다
윤달 사라지고 360일 평균 달력이 온다
거품 없어진다
엄마가 아이콘이다
음개벽이고
밑바닥이
임금

남쪽이 북쪽을 환히 비추는 흰 그늘 시대

안개다

아지랑이다

그래
변막変膜이라는 이름의
산알이 내 무거운 다리에서 솟아오른다

하당
웅덩이 근처의
목포 성자동 언덕이다.

동모리洞毛里

나는
이곳에서
꿈꾼 적이 있다

작은
밥집 뒷방에서다

내 곁엔
문둥이가 자고 있었고 나는 그때 스무 살

5·16 직후
도망 와 스테바에서
삽질할 때다
품바품바를 배웠다
씨구에서
산알 나오는 춤을 그날 처음 배웠다

각설이 걸뱅이 타령
품바춤이다
동모리洞毛里.

나는 그 뒤
사람이 달라졌다
시 '황톳길'을 처음 쓰던 시절이다

    아마 그때를 나는 지금도
    품바라 불러
    씨구 아비라 불러
    기인 긴 날
    괴질怪疾의 날

    산알 나오길
    손꼽아 기다린다.

동막봉洞莫峯

항문의
탈홍,
피 쏟아지는 데에
한 작은 봉우리의 높음이 필요하다
거기
동막봉에
촛불을 켜라

거기
누군가
합장하고 있다

그 합장하는 깊은 마음 안에
그 높음 위에
지금 여기서 촛불을
켜라.

동초호 洞草湖

울음이 나와
강으로 쏟아져 들어간다

밤마다
그 호수에
알 수 없는 웃음소리

웃음소리 속에서
물속 흰 꽃들이 피어

노래를
부른다

내일의 커다란 화엄세계
그 물 밑에
꽃 피리라는

단 한 구절의

어여쁜 어여쁜
노래.

흰 그늘의 노래.

개심중皆心中

지금
모든 사람 마음 안에
저 살 궁리밖엔 없다

요즘 모든 사람 눈 안에
남 비난하는 마음밖엔 없다

이럴 때다
이럴 때
세상이 바뀐다

먼저
오른쪽 옆구리를 짚고

제 피로가
어디서 온 것인지를 살펴라

그것이 온 곳은

여기서 멀다

어딘가

하늘이다
참으로 멀고 먼 그곳
부처님이 미소 짓는 그런 곳이다

바로
지금이다.

묘묘妙描

고양이는
사람의 엄마요
여인의
아기

고양이는
엄마요 아기

묘연妙衍이니 물 훙건한 중생의 연못 위에 춤추는
아기 밴 아낙의 춤사위

내 딸
김막내로 인해
그 아이
땡 소리로
겨우겨우
산다

나는
그것을
요즘의 삶을
고양이 효과라 부른다
중생이 이제 사람을 해방하리라.

애머리[兒頭]

그렇다
이제 우리 할 일은
달의 시대를 맞는 일

15일 보름달과
16일 애기달 사이

오운과 육기 사이에

아이 머리 모양 작고 둥글고 보드라운
달처럼 살고
달처럼 움직이는 일
우리의 삶을
이름 지어
'애머리'라 부르자

그리고
거리 이름도

시의 제목도 산문도 잡지 이름도

아아
애기달아
애머리.

현람애월민玄覽涯月民 아니면
생명이 살 수 없는 때
그 하아얀 달 없이는
바다로 나아갈 수 없는 그러한 시절

모란꽃
피울 수 없는 그때

시커먼
괴질怪疾만이
우리를 기다리는 때

애기
이 웅덩이에
달 뜰 때 기다리자.

사월의 봄
슬픈 봄날의 흰 그늘
모심의
달.
그 슬픈 봄날의 달을
모란꽃 산알의
아기
얼굴을.

멍

아무것도
남김 없을 때

한 줄
기이한 시가 쓰여짐을

나는 요즈음에
느을 경험한다
동학당
절에서는 살 길을

'멍' 이라
부른다.

허허허

멍—

산알 모란꽃 진짜 이름은 아마도

멍―.

희비리喜悲籬

왼편
귀 밑에

그러니까
두개골 뒤쪽 목덜미 상층 부위의
태양광선 여과로
인체배변의 예감기능을 강화시킨다는

거기
대림代林이란 이름의
산알자리

며칠 전부터 부어올라
몹시 가렵다

며칠 전

아마도

시삼백 출판기념회
고희 밥자리에 다녀온 날

또

우리 세희 영국에서 돌아온 그날

의사 산마루님께
한마디

'당신 도 트려면 아직 멀었다' 는
매우 모욕적인 발언을 듣고
배부른 산 무실리로 내려온 그날 밤

경인庚寅
3월 22일 한밤
열두 시 즈음

끊임없는 전화 소리에 잠이 깨어
막 거실에 나갔더니
뚝 끊기며
웬 여자 목소리 하나

'일어나면 연락하시오'

일어나면?
연락하시오?
누군데?

아무리 알아봐도 내게 그 시간에
전화 건 사람은 없다
그 뒷날
그 뒷날
그 뒷날에 또 알아봐도 아무 곳에도
없다

누굴까?
무슨 전활까?
왜 그 시간일까?

이 새벽

경인 3월 26일 5시
아내가 중국 서쪽 곤명昆明의 드넓은 광야로
머언 여행 떠나는 날

눈은 내리고 비는 내리고
바람 불고 춥고 스산한
이 괴이한 봄날

슬며시 깨닫는다

생전 지진해일 없던 이 반도에
내 몸 안에

그것들이 오고 있구나

이제 서서히
아래턱과 목덜미, 어깨등지에 퍼진
경락 음양 생극 재생 촉발 기능들이라는

아!

용문龍門

해석海石

추해醜海

미령美鈴

입정立頂

다미多尾

유골流骨

개장皆壯

여덟 곳이 다아 움직이기 시작하고 이어서 가슴과 등,

배꼽과 그 안쪽에까지도 서서히
지진해일이 오겠구나

저희 오빠들 만나러 서울 간 막내
우리 땡이가 마침내
허리 늘이며 야옹거리기 시작하고

내 오른쪽 손가락엔 동그랗게 동그랗게
보름달과 초승달이 드디어 뜨겠구나

나는
천천히
깊고 깊은
멍

멍 속으로 빠져 들어간다

'연락'이다

전화는 과연 새로운 산알일까?

왼쪽 이마 청미靑眉

나의

초미初眉에

뿌우연 글자 셋이 문득 떠오른다

'희비리喜悲籬'

오늘부터의

나의

삶,

이제부터의 온 지구의 풍경일까?

      흰 호랑이해 2010년 3월 26일 5시
      배부른 산 무실리에서

* 희비리喜悲籬 : 기쁨과 슬픔이 넘나드는 울타리 또는 옛날 시골 '오일장'의 또 다른 이름.

* 첫이마初刊 : 영주, 봉화 뒷산 한 절벽 이름(산경표山經表에서).
새벽 첫 동틀 때 그 빛을 받은 절벽에 온갖 광석이 빛을 발하고 온갖 소리가 무슨 음악을 연주하며 인근의 모든 독성과 오염을 정화한다는 기이한 산 이름. 또는 『화엄경』 '묘덕원만신'에서 '생명의 씨앗과 자유로운 지혜의 광명(受生藏·受生自在燈)'이 나오는 우주부처님의 배꼽[腰間] 이름.

'못난 시'와 '산알 모란꽃'의 사상을 위하여

대담 : 김지하(시인)
       홍용희(문학평론가)
장소 : 원주 토지문화관 관장실
날짜 : 2010년 1월 11일

홍용희 선생님 안녕하십니까? 경인년 새해가 밝았습니다. 새해에 더욱 건강하시길 바랍니다. 또한 올해에도 우리 사회와 후학들에게 많은 질타와 일깨움을 전해 주시길 부탁합니다. 오늘은 선생님이 2010년 '영랑시문학상'을 수상하시게 된 것을 축하드리면서 아울러 이를 계기로 수상작인 시집 『못난 시들』과 수상 기념시집 『산알 모란꽃』을 중심으로 근자의 선생님의 시 세계와 시적 관심사 안팎에 대한 얘기를 청해 듣기 위해 찾아왔습니다.

그동안은 일산에서 뵙다가 오늘 원주에서 뵙게 되니까 감회가 새롭습니다. 선생님께 원주는 고향 목포를 떠난 이후 청소년기를 보낸 곳이면서 선생님의 사상 형성과 민주화운동의 베이스캠프 같은 곳이기도 했지요. 독자들은 선생님께서 원주 치악산 자락으로 다시 내려오셔서 정착하시게 된 계기나 그 이후의 변화된 근황을 가장 먼저 궁금해하실 것 같습니다. (이하 '홍'이라 표기함)

김지하 내가 목포에서 원주로 온 것은 열세 살 때였어요. 중학교 1학년 겨울이었지요. 아버지가 종전 이후에 원주에 정착했기 때문이지. 아버지는 치열한 코뮤니스트였어요. 국군 수복기에 월출산에 입산을 한 빨치산이었어. 그런 아버지가 월출산에서 하산합니다. 하산의 직접적인 이유는 고향 사람이 올라와서 국군 수복기에 우익 사람들이 영일(선생의 본명)이를 잡아다가 가마니에 넣어서 목포 앞바다에 집어넣는 것을 보았다고 헛소문을 전한 거야. 그리고 또 하나의 이유는 정치적인 것인데 청산투쟁에 대한 반발이었어요. 해방 직후 남로당이 불법화되니까 간부들은 월북해 버리고 중간 간부들이나 당원들은 보도연맹으로 묶이잖아. 그리고 전쟁이 일어나니까 모두 함선에 실어 바다에 빠트려 죽이잖아. 그때 아버지는 잡혀갔다가 전기 기술자여서 살았어요. 목포 최고의 기술자였거든.

전쟁 이후 국군 수복과 더불어 목포 부근에 좌익과 연관된 사람들이 월출산에 다 올라오게 되니까 숫자가 너무 많아지잖아. 어떻게든 수를 줄여야겠거든. 그래서 또 청산 문제가 나온 거지. 이때 아버지가 당에 항의를 해요. 해방 직후처럼 지금 또 이렇게 너희들 협조했던 남한 인민들 모두 죽게 하면서 무슨 혁명을 하겠다는 거냐고, 당에 마구 대들었어요. 그러면서 이 양반이 하산을 해요. 하산을 해서 내가 살아 있는 것을 보고는 자수를 했어. 자수 이후 치열한 코뮤니스트로서는 견디기 힘든 심한 모욕을 겪은 뒤 두 번이나 자살을 시도해요. 당시 전향자는 주로 국군에 투입되었는데, 아버지도 군예대 조명전기 기술자로서 전선에 다니다가 종전 이후 군사도시인 원주 군인극장에 정착하게 된 것이지요. 그래서 나를 불러올려 원주로 오게 되었지요.

대학 졸업 직후 아버지가 서울로 직장을 옮겨서 서울에 살게 되었는데, 지학순 주교가 나한테 같이 손잡고 일을 하자고 해서 다시 오게 되었지. 1962~1964년 사이에 제2차 바티칸 공의회가 열릴 때 가톨릭의 정치 참여가 결정되었지요. 그 직후 지학순 주교가 나한테 극좌도 극우도 아니고 중도 진보 쪽의 노선으로 일을 하자고 해서 다시 내려오게 되었지요. 나는 몽양계의 중도 진보 노선이었어요. 나는 처음부터 어떤 단체나 조직에 소속된 적도 없고 무슨 주의자로 살아 본 적이 없었어. 공산주의에 대해서는 아버지를 이해

하는 차원에서 책을 많이 읽고는 했지만, 거기에 들어간 적은 단 한 번도 없어. 조직이나 단체에 들어가지 않는 공산주의자가 어디에 있겠어.

뒷날 다시 감옥에 다녀온 후 이곳의 민주화운동이 생명운동, 생명문화운동으로 전환하게 되면서 다시 함께 일을 했지요. 그러다가 나는 해남으로 이사했어요. 고향으로 돌아가고 싶기도 하고 해서. 그 후 해남에서 다시 서울로 갔지요. 그러다가 근자에 장모님 돌아가시고 원보 엄마가 여기 일(토지문화관)을 관리하게 되고, 나도 나대로 서울도 싫어지고 해서 여기 내려와 그동안의 내가 걸어온 노선도 전면적으로 재점검하면서 동아시아 중심으로 이동하고 있는 문명을 비롯한 근본적인 문제에 대한 글과 책만 쓰면서 지내고 싶어서 내려오게 되었지요. (이하 '김'이라 표기함)

홍 그렇군요. 선생님. 원주에서 지내시면서 더욱 건강해진 듯이 보입니다. 그럼, 이제 선생님의 영랑시문학상 수상 시집에 관해 말씀을 나눠 보도록 하겠습니다. 시집이 처음부터 끝까지 「못난 시」 연작으로 이루어져 있습니다. 요즘, 신자유주의가 만연하면서 무한 경쟁력을 내세우며 '잘나기 경쟁'에 몰입하는 시대에 오히려 '못난 시들', 못난이 경쟁을 내세우고 있습니다. 이것은 우리 시단의 성향으로 보아도 매우 이색적입니다. 근자의 우리 시들 역시 성글고 허름

하고 낮은 데로 향하기보다는 난해하고 이지적이고 높은 데로 향하는 경향이 강하기 때문입니다.

그래서 저는 「못난 시」 연작의 이러한 시대적 대세에 역진하는 특성을 어떻게 볼 것인가, 이에 대해 저는 선생님 식의 또 하나의 미래지향적인 문제 제기 방식이 아닌가 하는 생각을 했습니다. 1980년대 딱딱하고 모난 광물성이 난무하는 시대에 「애린」 연작의 둥글고 부드럽고 온유한 식물적 상상력의 노래를 통해 억압적인 대상까지도 순치시켜 포괄하는 근본적인 대안 문화로서 살림 혹은 생명 문화를 누구보다 빨리 제기하신 것과 같이, 『못난 시들』의 출현을 우리 시대의 예언자적 지성의 노래로 생각해 볼 수 있지 않을까 하는 것입니다. 이에 대한 선생님의 말씀을 직접 들을 수 있었으면 합니다.

김 나는 동학교도라고 할 수 있지요. 증조할아버지, 할아버지가 다 동학을 하다가 돌아가셨어요. 감옥에 있으면서 공부밖에 할 게 없으니까, 참선도 하고 불교도 공부하고, 할아버지들을 떠올리며 동학 공부에 집중하면서, 나는 나 홀로 동학당이 되었지요. 동학의 요체를 간단히 말하면 밑바닥이 한울님이라는 얘기지요. 천한 백성이 하늘이고 작은 벌레, 물방울까지에도 하늘이 있다는 건데, 이것은 불교에서 중생이 부처님이라는 얘기나 궁극적으로 같은 말이지요.

그런데 재작년에 시청 앞에서 촛불 현상이 일어났어요. 4월 29일에서 6월 9일까지는 촛불이고 6월 10일부터 6월 29일까지는 횃불이고 6월 30일부터 7월 10일까지는 다시 새 촛불이었어요. 그 다음에 7월 10일부터 8월 초까지는 숯불이야. 신좌익들, 뉴레프트들이 주동이 된 것이지. 내가 구분한 게 아니야. 고등학교 여학생들이 이렇게 가르더라고. 그런데 행동양식이 서로 달라. 촛불은 굉장히 평화적이었어. 자기들끼리 어느 경우에도 절대로 폭력을 허용하지 않아.

정치 행동에 가장 중요한 것은 노선, 주체, 행동양식이야. 이게 제일 중요해. 그런데 이들의 노선은 쇠고기 문제로 분출된 생명 문제야. 주체는 주로 애들이나 젊은 주부들, 힘없는 비정규직들, 내 식으로 말하면 쓸쓸한 대중들이야. 별로 힘없고 백 없는 사람들. 이들이 역사의 주체로 등장한 경우는 동서양 통틀어 전 인류사에서 단 한 번도 없었어. 이들이 전면에 등장한 것은 처음이야. 다음은 조직 양식인데 명령계통이나 조직적 행동이 전혀 없어. 이걸 보고 내가 놀라지 않을 수 없었어.

갈릴리 산상수훈의 대상은 오클로스나 프롤레타리아가 아니라 네페시 하야(저주받은 자들)야. 이들이 바로 20대 초반의 부녀자들과 20대 미만의 애들이었어. 예수가 이들 보고, 너희들 안에 진짜 하느님이 있다고 했어. 예수가 예루살렘 입성 전야에 밑바닥 제자들(바로 이들이야)의 흙 묻은

발을 씻어 주면서 이들을 섬겨, 하늘이 밑바닥을 섬김이 바로 예루살렘 입성이야.

1885년 충청도 연산에서 발표된 김일부의 『정역正易』에 따르면 기위친정己位親政이란 말이 나와요. 기위는 대황락 위로서 음맥, 양맥에도 못 끼는 헐벗은 어둠 자리야. 그곳 위상이 친정, 즉 임금 자리에 복귀한다는 것이지. 이것을 현상적으로 보면, 3천 년 전 주나라 성립 때에 서쪽으로 기울어진 지구의 자전축이 본래의 북극 태음, 우주의 중심 위치로 복귀한다는 것이야. 2004년에 인도네시아에 쓰나미가 일어났을 때 그 원인을 해양판과 대륙판이 충돌한 것이라고 주류 과학자들이 정리했는데, 젊은 과학자들 사이에서 '그럼 이 둘이 충돌한 원인은 무엇인가?' 하는 질문이 다시 제기돼요. 이것이 지구자전축의 복귀와 연관된다는 것이야. 이것이 온난화에 대한 간빙기의 개입이야.

이것을 『정역』은 기위친정이라 했지요. 3천 년 동안 서남북방에 기울었던 지구 자전축이 문득 일어나서 북극 중앙의 태극음의 자리로 이동, 복귀하는 후천개벽 현상의 첫 번째 조짐을 십일일언十一一言이라 했어. 스티븐 호킹도 전 우주에서 그동안 유일하게 물과 생명의 탄생지인 지구 북극이 우주 중심이라고 하지. 이제는 달과 혹성 사이에도 물이 있다니 달라지겠지만. 하여튼 이 십일일언은 수천 년 동안 동서양에서 주변에 밀려나 있던 애들, 여편네들이 정치 중앙으로 등장한다는 것이야. 이것은 하늘이 직접 통치하는 것이야. 이때에 십오일언十五一言이란 기존의 종교인과 정치인, 지식인은 물러나 이들을 가르치고 돕고 보완하는 거야. 노자의 아무위我無爲 ― 나는 아무것도 하지 않는다 ― 에 해당하는 자기를 비우는 무위존공戊位尊空 행위이지요. 결국 못난이가 주인 되는 세상이 된다는 이야기인 것이지.

내가 정지용문학상을 받을 때, 시와시학사 사무실에서 조동일 씨하고 대담을 하는데, 나보고 못난 시 쓰고 어리숙하게 좀 살았으면 좋겠다고 했어. 인도의 카비르 시인을 얘기하면서. 내가 너무 번쩍번쩍하다고 생각한 것 같고, 또 우리 현대시가 너무 난해하고 귀족적으로 간다고 본 거 같애. 카비르 시인은 본인이 정규 교육을 받지 못한 일자무식이잖아요. 못난이들의 지혜를 그리워하는 시들이 많지요. 내가 똑같이 갈 수는 없지만 조동일 씨 말에 일리는 있어. 생각은 하고 있으나 잘 안 돼요. 못난 척이 아니라 진짜 못난이로 살고 싶은데 그게 잘 안 돼. 윤리적 반성만으로 되는 것이 아니라 어떤 계기가 있어야지. 그게 지난해 촛불이라는 것이지.

그렇다면, '시의 자리에서도 기위친정이 가능한가? 밑바닥이 임금 자리로 올라가는 것, 그야말로 후천개벽이 가능한가? 중생이 부처가 되는 것이 가능한가?' 하는 질문이 막 쏟아지지. 못난이의 못난 감수성, 못난 세계 인식 가운데에서 우주의 진정한 변동을 볼 수는 없는 것인가? 생명 미학에서 가장 중요한 최고의 절정은 숭고와 심오인데, 그럼 못난 시로서도 숭고와 심오에 도달하는 것이 가능한가? 이러한 질문이 『못난 시들』의 미학적 초점이야. 소통을 쉽게 한다거나, 못난이도 사람이라거나 하는 초보적 저항이나 주장 차원이 아니라. 숭고는 동양이나 서양 모두 귀족적인 비극적 감성이나 비장을 통해서 이루어지는 미학적 최고 영역으로만 보잖아요. 그러나 못난이들의 익살과 같은 희극적 감수성을 통해서도 쾌에 이르고 희극적 쾌를 통해서도 심오와 숭고의 높은 단계에 이를 수 있는 것인가? 이것이 이번 시의 초점입니다.

홍 예, 그렇군요. 밑바닥이 하늘로 올라가는(본래의 임금 자리로 되돌아가는) 기위친정의 시대에 대한 예감과 그 실체에 대한 노래가 「못난 시」 연작이라고 할 수 있겠군요.

선생님 시 세계의 안으로 한 걸음 더 다가가 보겠습니다. 선생님 시집에 "안에/ 허공이 들어와/ 그 자체로/ 상상력은 모두 모두/ 모심이 되는// 텅 빈 허공 모시는"(「못난 시 10000」) 것이라는 구절이 나옵니다. 허공을 모신다는 것, 텅 빈 모심이란 것이 무엇일까? 자기 자신을 비움으로써 철저한 모심('무위존공'에 들어가는 것)에 들어가는 것, 그 화엄개벽의 모심을 가리키는 것인가? 여기에 시집 『못난 시들』의 씨눈이 있는 것이 아닌가 생각됩니다. 허공이 주인이라는 인식을 어떻게 해석할 것인가 하는 것입니다.

김 종교로 돌아 나올 수밖에 없는데요. 불교에서 부처님을 공空이라고 보잖아. 『화엄경』이 요란한 대방광불화엄경大方廣佛華嚴經 아니야. 수억 수천만 털구멍에서 수억 수천만 부처가 모두 다 다른 종류의 해탈문의 광명을 드러내는 것이 『화엄경』인데, 그 가운데를 통괄하는 것이 뭐냐 하면 비로자나불의 대침묵이에요. 그런데 이상하게 동학에서는 모심을 말할 때, 시천주侍天主라고 하잖아요. 그런데 이것을 설명할 때, 천天을 해석하지 않아요. 가장 중요한 한울님의 그 한울을 일체 말을 안 해. 이유가 뭘까? 가장 중요한 것은 바로 그 침묵의 모심이지. 바로 그게 공을 모신다는 거야.

시 쓰기에서는 어떨까? 시에서 공을 모신다는 것은 공의 텍스트 개입이야. 공의 텍스트 개입이 왜 중요한가? 3음보 4음보를 깨는 것은 그 자체로서는 그만한 의미가 있다고도 할 수 있어. 그러나 그 다음은 어떻게 할 거야? 그 전통 음보를 깨는 것은 소월도 했고 여러 사람이 시도했어. 그러나 굉장히 조심히 건드렸어요. 민족적 감수성의 체계 전체의 근거를 흔들어 버리는 것인데, 어떤 경우 그럴 수는 있어. 그러나 그것은 그 대안이 아주 아주 좋아야 해. 그 대안이 과연 무엇일까. 이것을 흔드는 근거가 도대체 무엇일까? 그것은 공이야. 공의 텍스트 개입이 있을 때, 3음보 4음보의 이음새

나 연관 부분에 공이 개입하게 될 때, 여기서 새로운 음악성이 발생하게 돼. 시에서의 음악성은 공에 의해서만 발생해. 비어지지 않은 곳에서 숨소리가 생기냐고. 다시 말하면, 호흡이라는, 날숨 들숨이라는 것은 안이 비어 있어야 가능한 거야. 그래서 어떤 시도를 할 때는 시어와 시어, 행과 행, 연과 연 사이에 의도적인 거리가 있어야 한다고. 공의 텍스트 개입은 주인 없는 무주공산 이야기가 아니라, 공이 바로 그 진짜 주인이라는 거야. 얼마 전에 정과리가 쓴 글을 보니까, 전통시의 리듬을 다 때려 부수고 전통의 감옥을 탈출해야 한다고 하던데, 이걸 보고 '에이 촌놈' 소리가 입에서 절로 나오데. 무조건 때려 부순다고 전이가 되는 게 아니야. 변형의 참다운 길을 알아야지.

그 왜, '미래파'라는 그룹이 있지. 이들의 시를 보면, 줄글들이 3음보 4음보를 파괴하는 것으로부터 시작한 것은 알겠는데 그것이 그로테스크 지향이 아니라 플라체 지향이야. 플라체는 악의 차원이고 그로테스크는 추의 차원이야. 악은 윤리적 차원이고 추는 미학적 차원이잖아. 그로테스크 밑에는 공이 움직여. 침묵이 움직이지 않고는 그로테스크가 형성이 안 돼. 왜 그러냐 하면 공은 다른 것이 아니고 삶의 일상성을 옆으로 밀어 놓는 태도야. 그래야 거리를 두고 왜곡이 가능하지. 이때 발생하는 것이 추의 감각이에요. 이때가 그로테스크 소통이지. 그런데 플라체라는 것은 근본에서 절대적으로 소통을 거부하는 거야. 독자와 작가, 시어와 시어, 행과 행, 연과 연 사이의 관계를 부수는 정도가 아니라 소통의 의지 그 자체를 파괴하는 거야. 그러니까 이것은 악이야, 문화가 아니야. 이걸 그로테스크와 전혀 구분을 못하고 있어. 이것은 악이야. 언어와 문학 안에서 일체의 설 자리가 없어.

　'미래파'에 대해 처음에는, 요것 봐라, 하나의 신선한 모험으로 봤는데, 공의 텍스트 개입이 전혀 없고 숨은 차원과 드러난 차원 사이에 '아니다, 그렇다' 하는 상호교차성의 관계가 전혀 없어. 그리고 속소리의 추구조차도 전혀 없는 것, 안에서부터 나오는 의도하지 않은 이미지 발생, 의도하지 않은 불현듯 솟아오르는 생각의 존중, 이게 전혀 없는 거야. 아무것도 없어. 부수자는 생각뿐인데 그것도 무슨 미학적 의도가 있는 것도 아니야. 그래서는 전위적인 운동이 될 수 없어.

홍 공空의 자리가 선생님께서 말씀하시는 복승復勝이 일어나는 자리라고 할 수 있겠군요.

김 바로, 그렇지요.

홍 그렇다면, 공의 텍스트 개입을 인위적으로 추구하기보다는 자연스럽게 복승이 가능하도록 그냥 열어 주는, 틈을 열어 주는 미적 방법론이 바람직하지 않을까요.

김 산알 이야기인데, 복승하는 데에 있어 그 실체는 산알이에요. 시가 아니라 시 속의 깊은 마음에서 불현듯 올라오지요. 그런데, 그냥 열어 놓기만 하면 된다는 말은 말로서는 맞긴 맞지. 그런데 '못난 시'의 그 '못난'이 어떤 의미에선 바로 공이야. 억지로 그리 가려는 마음이 작위적이긴 하지요. 별로 아름답지는 않지. 그렇지만 공이 잘 안 되니까 자신의 마음만이라도 비우려는 노력, 일부러 못난 척하는 것이 추접스러울 때도 있지만 잘난 척하는 것보다는 낫다는 것이지. 그 한계를 인정해야지. 이 시기에는. 다른 시기와는 또 달리.

홍 이번에 선생님께서 수상하신 영랑시문학상과 연관시켜서 선생님의 시와 영랑의 시를 한자리에 놓고 얘기를 나눠 보도록 하겠습니다. 김영랑이 자신을 찾아온 서정주와 나눈 창(판소리)에 관한 대화 중에 '촉기'라는 말을 강조하는 대목이 있습니다. 그에 따르면 촉기란 "같은 슬픔을 노래 부르면서도 그 슬픔을 딱한 데 떨어트리지 않는 싱그러운 음색音色의 기름지고 생생生生한 기운을 말하는 것"이라 했습니다. 서정주는 김영랑 시의 미의식을 이 촉기를 갖추고 있는 데서 찾고 있습니다. 저는 이 '촉기'를 선생님께서 강조하시고 또한 스스로 시 창작에서 추구하시는 '흰 그늘'과 친연성이 있다고 생각합니다.

그리고 무엇보다 김영랑과 선생님은 전라도의 정서와 운율을 시적 바탕으로 하고 있다는 점에서 서로 연속성을 지닙니다. 그러나 선생님의 시에서는 호남의 깊은 소외와 한의 내력이 시적 추동력으로 굽이치고 있다면 김영랑의 시에서는 자신의 개인사와 시대사적 슬픔이 애틋하고 결 고운 마음의 미감 속에 조심스럽게 투영되는 양상을 보입니다. 그래서 김영랑의 초기 시 세계의 우아함은 너무도 애틋하고 불안한 표정을 하고 있어 보입니다. 그래서 중기를 거쳐 후기로 가면 자연발생적인 마음의 미의식이 파탄되면서 시적 양식 역시 파탄되는 양상을 보여 줍니다. 그러나 김영랑의 초기 시편에서 보여 준 마음의 순연함과 남도의 운율이 어우러지면서 도달한 시적 성취는 분명 해방 이전 시사가 도달한 우아미의 한 절정을 보여 줍니다.

그런데 선생님의 이번 수상 시집 『못난 시들』을 보면 김영랑의 시적 성취와 상당히 다르면서도 또한 연속성을 이루는 지점을 볼 수 있습니다. 『못난 시들』은 질박하고 허름하고 낮은 곳을 향합니다. 그러나 그 너머로 불러오는 것은 심오와 숭고미입니다. 요약하면, 선생님 시 세계와 김영랑 시 세계는 공통적으로 '흰 그늘의 미학'과 친연성을 지닌다는 것, 전라도 정서의 내밀한 미의식과 긴밀히 닿아 있다는 것입니다.

김 분명히 말합시다. 내 경우는 전라도는 전라도로되, 쫓겨난 전라도의 서정입니다. 나는 열세 살 때 그 전라도에서 쫓겨난 사람입니다. 그만하고 돌아갑시다. 영랑의「꿈밭에 봄마음」이라는 시의 세 번째 구절에 '하이얀 그림자'라는 말이 나와요. 이것은 비유인데, 비유는 비유와 비유 사이의 공명에서만 그 진정한 의미를 찾아야 해요. '슬픔의 봄'이 무슨 말이냐. 왜 '슬픔의 봄'이냐? 봄은 슬픔이 아니지요. 만물이 소생하고 약동하는 것인데, 왜 그 봄을 '슬픔의 봄'이라고 했느냐. 그리고 그것을 왜 기다리느냐. 모란꽃이 피어 있는 날은 한 닷새 정도밖에 안 돼요. 짧아. 그 슬픔의 봄을 왜 한없이 기다리느냐. 여기에 전라도라는 역사적 상황과 지금 우리가 생각할 수 있는 영랑과 내 시와의 관계, 지금 우리가 생각할 수 있는 지역적인 그러면서도 시라는 특수적인 미래 관계를 생각해 볼 수 있는 것이 아닐까 생각돼.

그 아름다운 모란의 화려한 빛을 기다리는 슬픔을, 시들어 버린 민족문화의 생환, 사라진 그 아름다움의 생환에 대한 그리움으로 볼 수는 없을까? 그 화려한 빛을 기다리는 슬픔, 슬픔을 그림자라고 보면, 그 봄, 모란이 피어난 봄을 흰 빛으로 볼 수 있지요. 그 '흰 그늘', 흰 그림자, 이것이 그의 시의 핵심이고, 전라도적 감성의 핵심이고, 이것이 그 시대를 기다리는 어두운 고통의 힘이 아니겠느냐? 그 어두운 시대를 전라도적 감성에 의해서, 마치 고려청자의 아름다움 같은, 암시적인 광채 같은 것을 기다리며 견디고자 한 것이 아닐까? 전라도의 한과 전라도의 신명과 전라도의 창조력을, 문화적 광채를 들어올려 주는 그 결정적인 때를 기다리는 것. 그렇게 보면, 내 시와도 여러 가지로 연결이 돼요.

내가 『오역화엄경』을 다 썼는데, 여기에 '회향품' 중에 '처소회향'이라는 부분이 있어요. '장소 안에도 부처님의 지향이 있다'는 것이지. 내가 처소회향 부분을 현대적으로 해석하는 차원에 부딪쳐 혼자 목포를 내려간 적이 있어. 전라도, 목포. 한반도 전체로 봐선 그곳이 항문이나 사타구니야. 가장 더러운 곳이야. 거기서 뭔가 빛이 나온다면, 그야말로 흰 그늘이지요. 거기서 살아 생동하는 전통 민족문화의 상징이 모란꽃이라고 한다면, 이것이 살아 돌아오는 때를 기다리는 것이 김영랑의 시 세계라고 할 수 있지 않을까? 전라도, 목포, 무안, 해남, 강진 그 밑바닥에서 꽃이 피어나는 것, 이것이 김영랑의 시 세계와 관련이 있지 않느냐 하는 것이야.

먼저 하당下溏을 갔는데, 영산강 따라 올라가면 나와. 조그맣고 더러운 웅덩이라고. 웅덩이에 불과해. 유달산儒達山, 승달산僧達山, 선달산仙達山, 유불선을 상징하는 세 산

사이 똑같은 거리 중간 지점에 있어. 그 셋 사이의 시커먼 웅덩이야, 거기가 무슨 의미가 있는지를 밝히려고 간 거야. 하당下溏이 아래하下 자야. 아래 웅덩이가 여자 자궁과 같은 거야. 나도 그렇고 천승세도 그 부근 출신이잖아. 천승세가 『화당리花溏里 숫례』라는 소설을 썼어. 하당下溏을 화당花溏으로 쓴 거야. 의도적으로 그렇게 했겠지. 이것은 무슨 암시냐. 어째서 밑바닥 웅덩이가 꽃 웅덩이가 된다는 건가. 꽃 연못이. 한번 생각해 볼 일이지.

그런데 거기가 요새 완전히 새로운 문화의 거리가 되었어. 김우진, 박화성, 김현, 허련 등의 문화관이 들어섰어. 그럼, 이 시대가 어떤 시대야. '동東로테르담 허브 — the integrated network'의 시대라고 하지. 한반도의 동남해안 서남해안 중국 동쪽 해안 일본 현해탄. 새 시대의 동아시아 태평양 시대, 중심성이 배합된 탈중심성의 시대야. 한 6년 전에 동북아시아의 경제통들, 미국, 중국, 일본, 북한, 남한 다섯 나라 경제통들의 대략 다섯 번에 걸친 회담 결과를 전해 들었어. 한 재벌 출신 사업가한테. 그 사람들은 우리가 얘기하기 훨씬 이전부터 물동량의 이동, 이윤의 이동, 자본의 이동들의 지표를 환히 들여다보고 있는 사람들이야. 이들은 대서양문화의 중심 상징인 로테르담 허브가 동아시아 태평양 쪽 동로테르담으로 앞으로 이동한다가 아니라 이미 이동했다야. 여기서 말하는 서남해안이 어디야, 목포 아니야. 복승

할 때 그 산알은 우리 시대 우리의 생명문화 사유의 텍스트 안에서는 바로 문화인데, 여기가 문화의 거리가 되었어. 그 밑바닥의 고통과 역사적 한恨과 육체 질곡이 유불선과 함께 천승세가 하당을 화당으로 하는 것 아니냐 이거야. 내가 비약이 장기이긴 하지만,(웃음) 이게 그늘에서 흰빛이 나오는 '흰 그늘'이지.

목포를 다녀와서 며칠 후에 스톡홀름을 갔는데, 부두 앞 에스플라나다 호텔에서 예감이 이상해. 산알이 움직이는 것을 느꼈어. 자연스럽게. 이 괴질의 시대에. 동아시아 전문 의학용어들이 속소리로 나왔어. 그래서 쓴 시가 「산알 모란꽃」이야. 42편이 씌어졌어.

이제는 그 구박받던 전라도가 뭔가를 세계를 위해 내놓는다면, 그것은 생명치유의 무엇일 텐데, 나는 그것이 이 시대의 날카로운 신세대와 여성 특유의 신선한 새 문화라고 봐요. 그것이 생명문화 아닐까. 그렇다면 모란꽃도 하나의 치유제로서 산알 같은 것이 아닐까. 이러한 것을 잘 모시는 것이 필요하지. 이리 보면, 김영랑 시와 내 시의 연관성이 있지.

강진은 다산이 풍수학에서 꽃 피는 물, 화수혈花水穴이라고 했어. 강진에서 영랑의 모란꽃이 나온 것은 풍수학으로 보면 필연성이 있어.(웃음) 그 모란꽃이 미래의 동아시아 시대 안에서 어떤 촉발제 역할을 할까? 하얗게 예쁜 꽃으로. 김영랑 시는 아주 예쁜 시인데, 예쁜 시를 '못난 시'에다 붙여 준

'시와시학'에 감사하고 이것이 또 기위친정이 아니야.(웃음) 개천에서 용 나는 거고 내가 여러 가지 상을 받았지만 이래서 영랑시문학상에 좀 더 별난 감개무량함이 있어요.

홍 예, 너무도 멋있고 신명나고 흥미 있는 말씀이었습니다. 영랑과 선생님과의 연관성은 과거나 현재보다 오히려 창대한 미래형 속에서 더욱 깊어지는군요. 그것이 또한 동로테르담 허브라는 문명사적 변동의 필연성 속에서 전개되고 있어 더욱 재미있고 유익합니다. 어느새 시간이 많이 흘렀습니다. 마지막으로 다시 처음에 드렸던 질문과 연관됩니다만, 저는 선생님께서 원주에서 사시는 모습이 너무 잘 어울린다는 생각이 듭니다. 원주는 역사적으로도 참으로 범상치 않은 곳이지요. 해월 최시형이 마지막으로 머물렀던 곳이기도 하고요. 선생님의 원주에서의 새로운 삶에 대한 얘기를 청해 듣도록 하겠습니다.

김 예, 나는 고향 목포를 그리워하고 잘되길 바라지만 고향은 안 간다고 했어. 초조, 중조라는 말이 있지요. 첫물, 후물인데. 초조는 전라도에서 나왔지만 후물은 중조선이야. 수운 선생의 시 중에 "남신원만북하회南辰圓滿北河回"란 구절이 있어요. '남쪽 별이 원만을 얻으면 북쪽 은하수가 제자리에 돌아온다'는 뜻이지요. '돌아온다'는 것은 아까 말한 후천개벽, 기위친정과 같은 것이야. 그럼 이 '원만'의 위치가 어디냐 말이냐? 그것이 중조선이야. 이 얘기는 수운이 말한 뒤에 남학에서도 있었고, 보천교에서도 있었어. 보천교에서 "화엄개벽의 씨앗은 남조선에서 뿌려지고 열매는 중조선에서 열린다"고 그랬어. 이것은 탄허 스님이 증언자야. 탄허가 보천교 최고 간부의 아들이었어. 보천교 탄압 직후에 탄허가 이곳 오대산 방한암 스님 밑으로 와. 『화엄경』과 『정역』을 함께 공부해. 화엄개벽이지. 그게 우연일까? 우연이 아니야. 옛날 공부한 사람들은 우연이 없어. 그들 나름대로 다 원력이 있었어. 해월이 동학운동 깨지고 어디로 가느냐 하면, 이천 설성의 앵산, 여주, 남양주를 거쳐 최후는 여기 원주에 와. 원주 호저에서 금강산 당취번삼화상과 함께 화엄개벽의 수왕회水王會 모임을 해. 치악산엔 구룡사, 화엄도량이 있고 화엄 민중승 맹암의 활동이 있었고 영원 산성엔 고구려 복본과 미륵회상의 법상종과 수덕만세의 화엄 세계를 열고자 했던 궁예의 둔거지, 그 건너엔 조선 말 황사영이 잡혀 죽은 천주교 성지가 있어. 호저 고산리 섬강 가엔 해월 피체지, 문막이라는 강가에는 기철학의 여성 철학자 임윤지당의 여성 개벽론의 자취가 있고 조금만 더 가면 이천의 천주교 성지 '곤지암'과 정약용·이벽의 실학·북학·서학의 마재 고을이래요. 또 여주 강천엔 '만국활개 남조선'과 '음개벽'의 주창자 강증산의 대순진리회 본부와 그들의 음개벽 '꼼문'이 있어요. 거기서 조금만 더 가면 한국의 중도적 농업사회주의라 할 수 있는 '기전제'의 한백겸 묘소가 있고. 이곳이 아무래도 묘한 곳이야. 거기에다 지학순 주교와 박경리 선생의 큰 자취가 있지요. 내가 중요하다는 게 아니라 살다 보니까 그래. 그렇다면 내가 할 일은 오늘 한 얘기의 연장선인데, 목포를 안 가는 대신 목포에서부터 시작된 '흰 그늘과 모란꽃 사상'을 산알과 연결시키는 일을 해야 될 게 아니냐 하는 것이야. 화엄개벽의 내용이 바로 '개체융합의 원만'이지요. 이것이 내가 앞으로 해야 할 한 공부 길이지.

홍 예, 오랜 시간 감사합니다. 선생님을 뵐 때면, 언제나 지난번과 또 다른 새로운 길을 어느새 저만치 가 계신 모습을 보여 주십니다. 언제나 활시위를 떠난 화살처럼 강렬하고 치열하고 팽팽하게 나아가는 예언적 지성과 시적 상상력은 늘 젊은 후학들에게 죽비처럼 서늘하게 다가옵니다. 많은 좋은 말씀, 거듭 감사드리며 새해에 여전히 강건하시길 바랍니다.

시인 김지하 / 金芝河

1941년 전남 목포木浦 출생
1966년 서울대 미학과 졸업
1969년 「황톳길」 등 시 5편을 『시인詩人』지에 발표
1970년 담시 『오적五賊』 필화 사건으로 투옥
　　　　첫 시집 『황토黃土』 출간
1974년 민청학련 사건으로 사형 선고 받음, 7월 무기징역 감형
1975년 '아시아·아프리카작가회의 LOTUS 특별상' 수상
1980년 오랜 영어생활 끝에 출옥
1981년 '세계시인대회 위대한 시인상' 수상 · '브루노 크라이스키 인권상' 수상
1993년 『김지하시선집』(전3권) 출간, '이산문학상' 수상
1998년 율려학회 창립으로 '신인간 운동'을 주장
2002년 '정지용문학상', '대산문학상', '만해문학상' 수상
2005년 '시와시학상' 수상
2006년 '만해대상 평화부문' 수상
2010년 '영랑시문학상' 수상

시집 『황토』, 『타는 목마름으로』, 『검은 산 하얀 방』, 『애린』, 『별밭을 우러르며』,
　　 『오적』, 『중심의 괴로움』, 『대설大說 남南』, 『유목과 은둔』, 『새벽강』, 『비단
　　 길』, 『못난 시들』, 『산알 모란꽃』 외 다수
저서 『흰 그늘의 미학을 찾아서』, 『흰 그늘의 길 1·2·3』, 『생명과 평화의 길』 외 다수

산알 모란꽃

지은이 | 김지하
펴낸이 | 설보혜
펴낸곳 | 시학 Poetics
1판1쇄 | 2010년 4월 20일
출판등록 | 2003년 4월 3일
주소 | 서울 종로구 명륜동1가 42
전화 | 744-0110
FAX | 3672-2674

값 10,000원

ISBN 978-89-91914-91-9 03810

* 저자와의 협의에 의해 인지를 생략합니다.
* 잘못된 책은 바꾸어 드립니다.